Leo Kofler
»Die Kritik ist der Kopf
der Leidenschaft«

Leo Kofler

»Die Kritik ist der Kopf der Leidenschaft«

Aus dem Leben eines marxistischen Grenzgängers

Ein Gespräch anläßlich seines 80. Geburtstags

VSA-Verlag, Hamburg 1987

Titelfoto und Fotos im Buch: Anita Kloten, Solingen

Gesamtverzeichnis anfordern!

Satz: Satztechnik Utesch GmbH, Hamburg
Druck und Buchbindearbeiten: Evert-Druck, Neumünster
ISBN 3-87975-405-5

Inhalt

Vorwort

Ernst Bloch faßte den zentralen Beitrag Leo Koflers zur Erneuerung des Marxismus darin zusammen: Es macht »das Wesen der menschlichen Verhältnisse aus, eben die Verhältnisse von handelnden, mit Bewußtsein begabten und ihre Zwecke verfolgenden Menschen zu sein. Marxismus ist somit der von einer rein kontemplativen Beziehung des Denkens zum Sein weit entfernte Versuch einer historischen Selbsterkenntnis des produktiven Subjekt-Objekts der Gesellschaft. Dies gilt in besonderem Maße für das Denken Leo Koflers, das wie schon Lukács' ›Geschichte und Klassenbewußtsein‹ der Wiederbelebung einer marxistischen Dialektik gewidmet ist.«[1]

Der Wiederbelebung des Marxismus hat sich Leo Kofler bis auf den heutigen Tag verschrieben und damit bei den einen schuldig, bei den anderen verdient gemacht. Die vielfältigen Reaktionen, die seine Arbeiten hervorrufen, sind durchaus provoziert – indem er die Aufgabe der Rekonstruktion des wissenschaftlichen Sozialismus immer als eine theoretisch-politische verstanden hat –, auch wenn sie nicht immer der Intention des Autors entsprochen haben. So wie Lukács noch zu seinen Lebzeiten von seiner Schrift »Geschichte und Klassenbewußtsein« abrückte, die nicht nur für Bloch, sondern für eine ganze Generation von Marxisten und am Marxismus Interessierte eine Art »Schlüsseltext« darstellte, so mag Kofler an seinem Werk kritisch betrachten, was andere begeistert, oder geradezu für essentiell halten, was Kritiker beiseite legen. Gäbe es in der Bundesrepublik eine Tradition des offiziellen Wissenschafts- und Kulturbetriebes, in der eine Person wie Kofler und ein Werk wie seines selbstverständlich Platz und Anerkennung fänden, dann gäbe es auch ein Normalmaß an akademischer und publizistischer Auseinandersetzung und Kritik mit

1 Ernst Bloch, Für Leo Kofler, in: E. Bloch, D. Garstka, W. Seppmann (Hrsg.), Marxismus und Anthropologie, Festschrift für Leo Kofler, Bochum 1980, S. 27

seiner Position. Kofler wurde aber, und dies wirklich nicht aus persönlicher Neigung, ein »Einzelgänger«, womit er das Schicksal des Marxismus jeglicher Provenienz innerhalb des Kuturbetriebes teilt – sofern Marxisten nicht Schlimmeres widerfährt, nämlich Denunziation und Verfolgung. Das Gespräch mit Leo Kofler soll insofern Anlaß sein, darüber nachzudenken, warum und mit welchen Konsequenzen der unabhängige Marxismus und seine politischen, sozialistischen Organisierungsversuche kein »Bürgerrecht« in der bundesrepublikanischen Gelehrten- und Politikerrepublik erhielten.

»In einer Zeit, in der sich in der Bundesrepublik Deutschland kaum einer öffentlich als Marxist bezeichnen konnte, ohne auf das Unflätigste geschmäht, von Staatsschutzinstanzen überwacht, in seinem Beruf verfolgt und mit Inhaftierung bedroht zu werden, in dieser Zeit ... gehörte Leo Kofler zu den sehr wenigen, die unbeirrbar und aufrecht blieben. Er hat darüber hinaus die Autonomie besessen, die unvermeidliche gesellschaftliche Isolierung, das klare Wissen, in diesem Augenblick allein für eine verschwindende Minderheit zu sprechen, auch ohne den Preis der starren Anlehnung an den institutionalisierten ›Marxismus-Leninismus‹, sein Machtsystem und seine jeweiligen Wendungen, ertragen zu können.«[2] Es verstehe sich, so fügt dieser Kommentator hinzu, daß dieser bedeutende marxistische Wissenschaftler keine Chance erhielt, an einer Hochschule der Bundesrepublik ordentlich zu lehren. Von selbst versteht sich das nicht, und ob insbesondere die jüngeren Generationen das wirklich verstehen, ist sehr die Frage. Kofler war aus der damaligen SBZ geflüchtet – wie viele, die »von drüben« kamen und als ernsthafte Kritiker der SED nicht so ausgewiesen waren wie Kofler, hat man hier in Rang und Würden eingesetzt oder gehoben. Warum nicht auch ihn? Und es gab doch kritische, unbequeme Leute an den Universitäten, im Kultur- und Medienbetrieb, in den politischen Parteien – warum nicht auch Kofler? Und daß die im

2 Gert Schäfer, Hegel × Marx = Kofler, in: Neues Forum, Wien, Mai 1972

offiziellen Kulturbetrieb Akzeptierten als Personen weit weniger eckig, kantig und schwierig gewesen sein sollen als er, wer wollte das behaupten?

Nein, es ging – damals und auch heute – um Inhalte und Methoden. »Wer wie Kofler über die Anhäufung empirischer Fakten hinaus die Einordnung dieses Materials in den gesellschaftlichen Gesamtprozeß und seine kritisch-humanistische Durchdringung will, hat es, zumindest nach dem heute dominierenden empirischen Wissenschaftsverständnis, nicht zur wahren Wissenschaft gebracht.«[3] Heute wird man frank und frei sagen: Ideologen haben keine Chance. Und gemeint ist: Wer den Anspruch stellt und eigene Anstrengungen dazu macht, Gesellschaft kritisch als ein System, das auf einer historisch spezifischen Form der Arbeit und damit der materiellen und kulturellen Aneignung beruht, zu denken und zu analysieren, der ist der Unwissenschaftlichkeit verdächtig.

Wer diesem Bannfluch früher entgehen wollte, hatte höchstens die Chance, sich auf abstrakt Methodologisches oder philosophisch Programmatisches zu beschränken. »Daß der gängige sozialwissenschaftliche Betrieb allerdings auch einem Denken Platz gewährt, das sich ohne einen ausladenden empirischen Unterbau entwickelt hat, ist belegt durch die Existenz der ›Frankfurter Schule‹. Nur, sie hat allem Humanismus, möglicher Praxis, entsagt.«[4] Ich fürchte, heute sind wir »fortgeschritten«, man könnte auch sagen: erfolgreich gewendet. Selbst die Rolle, die die Frankfurter Schule in den 60er und 70er Jahren an den geisteswissenschaftlichen Fakultäten und im kulturellen Aufbruch spielte, wäre heute weitgehend unmöglich.

Allerdings war die damalige Differenz zwischen den geachteten Vertretern der Kritischen Theorie und geächteten Marxisten wie Kofler (aber auch anderen) tief und bestimmt den main-stream bundesdeutscher Gesellschaftswissenschaften bis

3 Wolf Schönleiter, Die Isolation des Humanismus, Anmerkungen zum Werk Leo Koflers, in: Frankfurter Hefte, 2/1983 S. 59
4 ebenda.

heute. Es war kein Lapsus, sondern kennzeichnend für ein Grundverständnis der Väter der Frankfurter Schule, daß Adorno 1969 dem SPIEGEL sagte: »Ich versuche das, was ich erkenne und was ich denke, auszusprechen. Aber ich kann es nicht danach einrichten, was man damit anfangen kann und was daraus wird.«[5] Und deshalb galt bereits seit den Tagen der Emigration des Instituts für Sozialforschung in die USA: »Enthaltsamkeit nicht nur von jeder auch nur halbwegs politischen Aktivität, sondern sogar von jeder kollektiven oder organisierten Maßnahme zur Aufklärung über die Situation in Deutschland oder zur Unterstützung von Emigranten blieb die durchgängige Politik des Instituts unter Horkheimers Leitung.«[6] Diese Haltung, selbst wenn sie widersprüchlich und bei jüngeren Vertretern der Schule gebrochener war, stand über Kreuz mit der Überzeugung unabhängiger traditioneller Marxisten, daß kritischer Theorie eine immanente Verpflichtung zum Kampf mit bürgerlicher Ratio und Irratio zukomme. Anläßlich des »Positivismusstreits«[7] hat Kofler dieses Problem dadurch zu beleuchten gesucht, daß er die »Diskussion« zwischen Positivisten und Marxisten verglich mit der Unmöglichkeit einer Debatte »zwischen einem Buchhalter, dem die Ordnung geschäftlicher Belange in einem bestehenden Betrieb obliegt, und einem Philosophen, der das Bestehen von Betrieben grundsätzlich in Frage stellt.«[8] Für Kofler, der sich nie der Diskussion mit »bürgerlichen« Wissenschaftlern entzogen hat, war die wissenschaftliche Auseinandersetzung zwischen Vertretern des »Milieus«, die die Realität als das Soseiende begreifen, und den Vertretern der »Geschichte«, denen die Realität als Prozeß und damit als Möglichkeit verändernder Praxis gilt,

5 zit. nach Rolf Wiggershaus, Die Frankfurter Schule, München/Wien 1986, S. 689
6 Wiggershaus, a.a.O., S. 154
7 Vgl. Th. W. Adorno u.a., Der Positivismusstreit in der deutschen Soziologie, Neuwied/Berlin 1969
8 Leo Kofler, Beherrscht uns die Technik? Technologische Rationalität im Spätkapitalismus, Hamburg 1983, S. 46

immer zugleich pädagogisch, d. h. politisch. »Allein ›Diskussion‹ zwecks Kritik und Herausforderung im Blick auf das teilnehmende Publikum, das dem positivistischen und nihilistischen Buchhalterdasein entrissen werden soll, hat gesellschaftliche Relevanz. Nicht ›Diskussion‹ zwecks ›Übereinstimmung‹, sondern Provokation zwecks Entgegensetzung entspricht der Haltung des Humanismus, der der Geschichte vor dem ›Milieu‹ den Vorrang gibt.«[9] Das hat die Frankfurter Schule, obwohl der Aufklärung verpflichtet wie Marxisten, immer anders gesehen. Ob das – wie Kofler meint – wesentlich damit zusammenhängt, daß die Frankfurter Schule die »Gewalt der aus den klassengesellschaftlichen Verhältnisssen sich herauskristallisierenden Irrationalität« unterschätzt hat[10], sei dahingestellt. Tatsache ist, daß die Repräsentanten der Frankfurter Schule im Unterschied zu anderen Kritikern der kapitalistischen Gesellschaft in ihrem faktischen Verhalten nicht akzeptiert haben, »daß der Weg der Aufklärung in einem humanistischen Sinne nicht allein der der Diskussion sein kann, sondern primär einer der Kritik an jenen Kräften, die die historisch berufenen wären, *praktische* Kritik zu üben und die ersten Schritte einzuleiten zur Veränderung der bestehenden Verhältnisse.«[11]

Die jüngste Tradition der Intelligenz in der Bundesrepublik ist davon geprägt. »Im Rückblick zeigt sich eine unglückliche Gesamtkonstellation, in der die theoretische Potentialität des Praxiskonzepts (von Kofler u. a., K. M.) nicht zur Geltung kommen konnte, während die Präponderanz der Kritischen Theorie ihre konstitutionstheoretischen Mängel zurücktreten ließ. Auf der Seite des revolutionären Humanismus suchte man dies genuin Marxsche Praxiskonzept zu entwickeln, das auf Seiten der Kritischen Theorie verkannt, verworfen und vor allem auch für die interessierte Öffentlichkeit verdunkelt wur-

9 Kofler, a. a. O., S. 47.
10 ebenda.
11 Kofler, a. a. O., S. 47f.

de.«[12] Die Verdunklung schloß ein, daß die kritische Auseinandersetzung mit dem »revolutionären Humanismus« innerhalb des Marxismus selbst in der Bundesrepublik ein Randphänomen blieb[13]. Und zu der interessierten Öffentlichkeit, deren Informationslage über kritische Gesellschaftstheorie so schief war, gehörten auch die gewerkschaftliche und sozialdemokratische Arbeiterbewegung. Daß sie einen Nutzen davon gehabt hat, daß unabhängige Marxisten, auch in ihren eigenen Reihen, marginalisiert wurden, und vor allem, daß der fruchtbare theoretische und politische Streit um wahrlich bis heute offene Probleme von Gesellschaftskritik und gesellschaftsverändernder Praxis gar nicht erst richtig beginnen konnte, kann man nicht behaupten. Nicht das theoretische Erbe, aber die Aneignung und Durchdringung des Erbes von Arbeiterbewegung, heimatloser Linken[14] und der 68er Generation ist bei weitem zu unentwickelt.

Der vorliegende Text soll ein Beitrag sein, diesen Mangel zu überwinden – aber er kann das nur, indem er Interesse für weitere theoretische und historische Lektüre weckt. Anläßlich des 80. Geburtstages von Leo Kofler kann ein Rückblick auf die persönliche Lebensgeschichte und ihre Einordnung in die geschichtliche, politische und kulturelle Entwicklung dieses Jahrhunderts ein Zugang zur (Wieder-)Aneignung marxistischer Theorie sein.

Auf einen umfangreichen Anmerkungs- und Erläuterungsteil wurde bewußt verzichtet; der interessierte Leser sei jedoch

12 Horst Müller, Kritische Theorie und Revolutionärer Humanismus, in: Universitas, Zeitschrift für Wissenschaft, Kunst und Literatur, Jg. 41 (1986), S. 161f.

13 Vgl. H. Arenz, J. Bischoff. U. Jaeggi (Hrsg.), Was ist revolutionärer Marxismus? Kontroversen über Grundfragen marxistischer Theorie zwischen Louis Althusser und John Lewis, Berlin (West) 1973

14 Vgl. Karljo Kreter, Sozialisten in der Adenauer-Zeit, Die Zeitschrift »Funken«, Von der heimatlosen Linken zur innerparteilichen Opposition in der SPD, Hamburg 1986

auf die vollständige Bibliographie der Bücher, Streitschriften, Artikel und Besprechungen Koflers verwiesen und mag die angefügte Sekundärliteratur als Orientierungshilfe nutzen.

An den Gesprächen, die dem folgenden Text zugrunde liegen, waren *Wolf Schönleiter* und *Werner Seppmann* in der Wohnung der Koflers in Köln-Mülheim beteiligt. Neben Kofler, Schönleiter und Seppmann habe ich vor allem Koflers Frau Ursula zu danken, die durch feine Regie im Hintergrund das Gespräch vorbereiten half. *Karlheinz Maldaner*

ICH MÖCHT EIN WENIG UNMODERN UND
ALTMODISCH SEIN,
DAMIT DIE ZEIT NICHT WEGWÄSCHT, WAS ICH
BIN UND WAR,
DAMIT DIE TOTEN MEINER SICH NICHT SCHÄMEN
MÜSSEN,
DIE TOTEN, DIE, WOZU DAS LEBEN NÜTZTE,
WISSEN.

ICH MÖCHT EIN WENIG VON DER ALTEN SCHULE
SEIN,
KORREKT UND HÖFLICH, MANCHMAL GERADZU,
DOCH OHNE VIEL UND INDISKRET ZU FRAGEN,
UND MÖCHTE ZUR GEMEINHEIT STETS
GEMEINHEIT SAGEN.

ICH MÖCHT BELESEN, VOLLER WITZ UND
SCHARFSINN SEIN,
MICH NICHT VOM GLANZ GESCHLIFFNER
PHRASEN TÄUSCHEN LASSEN,
DER STIMME DES GEWISSENS STETS VERTRAUN,
AUF SIE, DIE OHNE FALSCHHEIT, BAUN.

ICH MÖCHTE EWIG JUNG UND UNVERBILDET
SEIN,
DOCH ACHTEN AUF DIE LEHREN FRÜHRER
ZEITEN,
ICH MÖCHT DEN BURSCHEN, DIE DA WILD NACH
KÜHNEN TATEN,
ERFAHREN UND GEMESSEN WIE EIN ALTER
RATEN.

SO SITZ ICH AM SCHREIBTISCH, BIN AM
ÜBERLEGEN
UND WIE UNGEFÄHR DEN TEXT IN FORM
BRINGEN,
KOMMT MIR DER GEDANKE, DER GUTE FREUND,
ENTGEGEN
UND LÄSST AUF ALTE ART DEN TEXT NEU
ERKLINGEN!

Jewgeni Jewtuschenko

DIE KRITIK IST KEINE LEIDENSCHAFT DES KOPFES, SIE IST DER KOPF DER LEIDENSCHAFT (MARX)

Sie sind 1907 in Polen als Sohn jüdischer Großgrundbesitzer geboren worden. Erinnern Sie sich noch an ihre Kindheit?

Meine Kindheitserinnerungen sind vielfältiger Natur. Ich erinnere mich noch, wenn auch dunkel, an den Gutshof. Aufgrund späterer Erzählungen meines Vaters, die auf mich einen sehr großen Eindruck gemacht haben, habe ich erfahren, daß er zu den fortschrittlichen Landwirten gehörte und aus diesem Grunde in Konflikt geraten war mit den anderen Grundherren. Dafür gab es seinerseits eine Ursache, nämlich daß er zufällig und ziemlich früh auf Lassalle gestoßen war und ihn gegen den Willen seines Vaters gelesen hatte. Sein Vater als religiöser, orthodoxer Jude lehnte die Beschäftigung mit solcher Literatur prinzipiell ab. Mein Vater mußte also mit Kerzenstummeln, die er im Nachttopf sammelte, nachts lesen. Auf diese Weise wurde er von Lassalle beeinflußt, was sich später auch in Wien auswirkte dahingehend, daß er sehr bald nach unserer Flucht vor dem Krieg mit Rußland der Sozialdemokratischen Partei beigetreten war.

Das alles verlief bei meinem Vater außerordentlich widerspruchsvoll. So erinnere ich mich: Als der Kaiser Franz Josef gestorben war, stand er um drei Uhr in der Früh auf, riß mich aus dem Schlaf und führte mich in eiskalter Winternacht auf die Straße, damit ich den Zug mit dem Katafalk des Kaisers mit ansehen konnte. Das ließ er sich als überzeugter Lassalleaner nicht nehmen, d. h. er war doch ideologisch so gebunden an die Monarchie, daß er schweren Herzens von Kaiser Franz Josef Abschied nahm. So erfuhr ich bei meinem Vater schon in jungen Jahren die außerordentliche Kraft von Ideologien.

Mein Vater war eigentlich ein assimilierter Jude und nicht religiös; aber der Familie zuliebe machte er Konzessionen.

Skeptizismus und Atheismus waren so bereits in der Familie angelegt.

Die politische Gedankenwelt meines Vaters war nicht sehr reflektiert, es war mehr ein blasser, allgemein und humaner, nicht einmal humanistischer Sozialismus, dem er zuneigte, und von dem er sich gar keinen rechten Begriff machte. Mir hat er von Kindheit an strengstens verboten, jüdisch zu sprechen, damit ich die deutsche Sprache in Reinheit und Klarheit erlerne. Und das danke ich ihm sehr, denn ich weiß aus der Erfahrung mit vielen Bekannten, daß sie sich, obwohl hochintelligente Menschen, niemals in Wien zu assimilieren vermochten, weil sie durch ihr »Jüdeln« ständig auffielen.

In welchen sozialen Verhältnissen wuchsen Sie auf? Waren die polnischen Juden eine vermögende Schicht?

Es ist ein altes Mißverständnis, daß man sich unter Juden reiche Leute vorstellt. Gerade in Polen war das Judentum überwiegend arm. Die Juden waren Totengräber, Gärtner, Schuhmacher, Tischler und Wasserträger; die Armut war vielfach grauenhaft. Meine Eltern waren demgegenüber als Grundbesitzer vermögende Leute. Meine Mutter, eine außerordentlich gütige und volkszugewandte Frau, eine jüdische, ukrainische Bäuerin mit rotem Haar und hellen Sommersprossen, sprach jüdisch, hebräisch, ukrainisch und polnisch – aber niemals gut deutsch. Ähnliches gab es bei Marx: Man weiß ja, daß die Mutter von Marx Holländerin war und niemals die deutsche Sprache wirklich beherrschte. Sie war erst spät nach Deutschland übergesiedelt und konnte dann nicht mehr nachholen, was sie in der Kindheit versäumt hatte. Bei meiner Mutter war es ähnlich, zumal sie als Ausländerin mit deutlich slawischen Zügen überall auffiel.

Wurde bei Ihnen zuhause gebetet und wurden die Festtage in religiöser Form begangen?

Nein, in meiner Familie wurde nicht gebetet. Mein Vater hatte als assimilierter Jude zur Religion Distanz. Ich habe aber noch meinen Großvater gekannt, der im Heiligen Land sterben und dort begraben werden wollte. Er war ein hervorragender Mensch, aber ein »Heiliger«, der sich um nichts anderes als um seine Religion kümmerte und von seiner Familie lebte. Er hat meinen Vater beständig kritisiert, daß er sich, insbesondere hinsichtlich der Erziehung seiner Kinder, zuwenig um die Religion bekümmerte. Durch den Druck meines Großvaters habe ich dann doch ein bißchen Hebräisch mitbekommen. Mein Vater hat mir das schließlich selbst aus Anstand und mit Rücksicht auf die übrige Familie beigebracht.

Was hätte aus Ihnen werden sollen, was haben Sie ausgeschlagen?

Ich habe eigentlich alles ausgeschlagen. Ich war ein richtiger Vagabund. Meiner Natur nach bin ich Vagant – und das bis ins Denken hinein. Mir macht es nicht das Geringste aus, an einem Tag über Ästhetik zu arbeiten oder vorzutragen, am nächsten über Geschichte und am dritten über Anthropologie, obwohl das alles fast einander ausschließende Gebiete sind. Ich nehme an, daß diese Neigung zum Vagabundieren damit zusammenhängt, daß ich im zarten Alter von sieben Jahren in Wien in das kleinbürgerliche Milieu hineingerutscht bin. Eigentlich bin ich Kleinbürger geblieben, mit einigen Abstrichen: Ich habe weder die Empfindlichkeit noch den engen Horizont des Kleinbürgers; über den Marxismus ist etwas Weltmännisches bei mir eingeflossen; aber der Erziehung nach bin ich kein Welt-, sondern eher Kleinbürger, was in meinen Verhaltensformen gerade dann durchschlägt, wenn ich es nicht gerne sehe. Ich bin z. B. des öfteren gelobt worden wegen des Humors, mit dem ich in Vorlesungen umzugehen weiß. Aber die mich Lobenden wissen nicht, daß ich diesen Humor nur angebracht habe, um mit ihm das durchaus kleinbürgerliche Gefühl der Unsicherheit beim Vortragen zu bekämpfen. Ich wich immer in Humoresken aus, wenn ich mich unsicher fühlte, und wurde dann ruhiger. Inzwischen ist mir der Humor zur Gewohnheit geworden.

Warum floh Ihre Familie nach Wien?

Weil die Russen, die zaristische Armee, in Polen einmarschierten und nicht nur Güter zerstörten; es tobte der Krieg und es gab böse Pogrome gegen die jüdische Bevölkerung. Mit dem Schrei »Jude, gib' Dein Geld her« wurde mancher umgebracht, weil sie eben häufig nichts hatten. Diese Erlebnisse haben meine Kindheit mitbestimmt. Ich erinnere mich noch sehr deutlich, wie meine Mutter in Ohnmacht fiel, als ein freundlicher russischer Offizier mein um fünf Jahre jüngeres Schwesterchen auf seine Arme nahm. Meine Schwester ist übrigens vor einigen Jahren an den Spätfolgen des langen KZ-Aufenthalts in Wien gestorben.

Sie fahren regelmäßig zu Besuch nach Wien. Wie erleben Sie die Stadt heute?

Der Eindruck ist nicht mehr derselbe wie in der Erinnerung, wenn man von den Museen, Denkmälern und Straßen absieht. Der Eindruck, den ich von den Menschen gewinne, ist der, daß sie armseliger, »pauperisierter« würde Marx sagen, geworden sind; der Schimmer von Hoffnung, den ihnen die mächtige Wiener Arbeiterbewegung von einst ins Gesicht gepflanzt hat, ist verschwunden.

Am Anfang war ich voller Trauer. Erst vor wenigen Jahren hat mir mein Schwager das Haus Nr. 12 in der Steinstraße gezeigt, wo meine Eltern zwangsweise gewohnt haben, bevor man sie nach Auschwitz abholte. Es war nur ein ganz kleines Zimmerchen; meine Mutter war schwer herzkrank, die Nazis mußten sie auf einer Bahre zum Zug schleppen. Nun gehe ich jährlich zu der anderen, nämlich ersten armseligen Wohnung, wo wir in den ersten Jahren gewohnt haben, und wo man im Flur des Stiegenhauses an einem Messingknopf drehen mußte, um Leitungswasser zu bekommen. Da ich nicht weiß, wo meine im KZ ermordeten Eltern begraben liegen, ist mein Gang zu dieser Wasserleitung, die noch ganz unverändert ist, der Gang zum »Grab« meiner Mutter, zum Pseudo-Grab.

Waren Sie jemals antisemitischen Anfeindungen ausgesetzt?

Ich persönlich kann mich an kein Ereignis dieser Art erinnern; ich wurde aber auch nur sehr selten als Jude erkannt, denn ich sah – blond, groß, stämmig – »germanisch aus« (obwohl die Germanen tatsächlich, wie wir heute wissen, klein waren und nicht sehr ansehnlich ausgesehen haben.) Aber ich bin bis zum heutigen Tage für Anfeindungen gegen Fremde empfindlich geblieben, und ich mische mich stets ein, wenn Türken oder andere Ausländer beschimpft werden. Das bin ich schon meinen Eltern schuldig.

Sie haben Ihre Eltern nach Ihrer Flucht aus Wien in die Schweiz nie wiedergesehen?

Nein. Als ich die dritte Auflage meiner »Geschichte der bürgerlichen Gesellschaft« im Westen veröffentlichte, habe ich eine Widmung vorgesehen: »Für meine in Auschwitz ermordeten Eltern.« Der Verlag hat mir geraten, mich nicht so scharf auszudrücken; »verstorbenen« Eltern, hat er mir vorgeschlagen – das ist bezeichnend für die deutsche »Vergangenheitsbewältigung«. Aber ich möchte bei dieser Gelegenheit etwas für mich Entscheidendes bemerken: Ohne meine deutschen Freunde, die ich hier gefunden habe, diese großartigen, gebildeten und humanistisch überzeugten Menschen, wäre ich im Sumpf der noch immer vorherrschenden deutschen Halbheiten stecken geblieben. So habe ich in Deutschland nach Polen und Österreich meine dritte Heimat gefunden.

Wie erinnern Sie die Fortsetzung ihrer Kindheit in der neuen Umgebung von Wien?

Ich kam ganz normal in die Schule, aber das war anfangs etwas beschwerlich für mich, weil die übrigen Kinder an meinem fehlenden »Wienerisch« merkten, daß ich fremd war; vielleicht kam auch etwas Jüdisches durch. Jedenfalls war ich als Kind im großen und ganzen isoliert. Aber ich verfügte über eine unendliche Phantasie, deren Herkunft mir gar nicht klar ist, vielleicht ist es eine Erbschaft meiner Mutter. Ich erinnere mich, daß meine Lehrer gegenüber meinem Vater diese Phantasie hervorhoben und etwas beklagten – weil sich in den Aufsätzen in die von mir erfundenen Geschichten, eine gewisse Traurigkeit, ein für einen Jungen meines Alters merkwürdiger Hinweis auf den Tod, mischte. »Ich ging im Herbst spazieren und trat auf einen trockenen Ast, zerbrach den Ast mit bloßem Fuß und dachte an den Tod« – derlei schrieb ich im Alter von sieben oder acht Jahren. Diese Anlage zur Phantasie hat mir aber, so glaube ich, in meiner wissenschaftlichen Arbeit zumindest in einer Hinsicht geholfen: Meine Abneigung gegen den Dogmatismus wurde dadurch verstärkt.

Auch wenn Ihr Vater »Lassalleaner« war – ist es nicht doch ungewöhnlich, daß Sie zur österreichischen Arbeiterbewegung gestoßen sind?

Die Atmosphäre meines Elternhauses weckte in mir eine gewisse, wenn auch noch schwache kritische Haltung. Ich kam erst mit 19 Jahren und durch einen bloßen Zufall zur gewerkschaftlichen (Angestellten-) Bewegung und hatte hier das Glück, auf Anton Ackermann zu stoßen, einen glänzenden Redner und Erzieher, der auf mich einen sehr großen Eindruck machte. Sehr bald mußte ich unter seiner Führung ein Übungsreferat halten, über Probleme der Pädagogik. Dadurch fing ich Feuer und begann eifrig zu lesen. Es dauerte nicht mehr lange, etwa zwei Jahre, daß ich auffiel und dann als Referent in der Jugendbewegung eingesetzt wurde. So sah ich mich im Alter von nur 22 Jahren als Mitglied der berühmten Wiener Bildungszentrale, wenn ich auch – entsprechend meinem Alter – nur für die Jugend eingesetzt wurde. Gelegentlich kam es vor, wenn ein Referent ausfiel, daß ich auch vor erwachsenen Arbeitern sprach, was für mich eine sehr gute Schulung darstellte. Ich habe also dieser Epoche außerordentlich viel zu verdanken.

Als ich dann mit Prof. Max Adler bekannt wurde, wandte ich mich ihm zu. Ich folgte einige Jahre mit fanatischer Begeisterung seinen Lehren. Ich kann mich gar nicht mehr erinnern, wann das genau war, aber es müßte bereits zur Zeit meines Engagements in der Angestelltengewerkschaft gewesen sein, weil Max Adler auch hier als Referent häufig herangezogen wurde. Sehr bald wechselte ich zur sozialistischen Arbeiterjugend über.

Ich war bis zu meinem 19. Lebensjahr Schüler an der Handelsakademie, ein sehr schlechter Schüler, weil mir das meiste von dem, was mir da geboten wurde, vor allem das Kaufmännische zutiefst zuwider war, was für einen Menschen jüdischer Herkunft erstaunlich ist, was aber auch zusammenhängt mit den diesbezüglichen Ratschlägen meines Vaters. Das wirkt sich bis auf den heutigen Tag aus, so daß ich mich auch heute noch, nur wenn es sein muß (z. B. in Einführungsvorträgen in den Marxismus) und mit äußerster Reserve, mit ökonomischen Fragen beschäftige. Übrigens und zu meiner Entschuldigung: auch Franz Mehring hat sich in seiner berühmten Marx-Biographie das Kapitel über die Marxsche Ökonomie von der Rosa Luxemburg schreiben lassen. So tief sitzt in mir die Abneigung gegen das – wie ich damals zu sagen pflegte – »Wucherische«. Wahrscheinlich hat dabei auch die Beobachtung meiner jüdischen Umgebung eine Rolle gespielt.

Ich sollte – deshalb die Handelsakademie – natürlich etwas »Anständiges« werden – obgleich mein Vater auch Verständnis dafür hatte, daß ich sehr viel las und vor allen Dingen auch malte. Eine Anekdote über mich lautet: Die Maler unter meinen Freunden meinten, ich sei ein guter Theoretiker, und die Theoretiker unter meinen Freunden hielten damals dafür, ich sei ein guter Maler. Ich hatte ansonsten gar keine beruflichen Intentionen, außer einmal einen Meister im Schwimmen abzugeben, weil ich ein sehr guter und begeisterter Schwimmer war, ein leidenschaftlicher Skiläufer und, wenn auch sehr distanziert und schüchtern, ein Verehrer des weiblichen Geschlechts.

Trotz dieser diversen Neigungen und Abneigungen wurde ich dann – ich glaube 1927 – in die Sascha-Filmgesellschaft gesteckt, nicht als Schauspieler etwa, sondern ins Büro, wo ich immer versuchte, während der Arbeit im geheimen zu lesen. Ich erinnere mich, daß ich damals ein kleines Büchlein über die Französische Revolution las, erwischt wurde, und es einen Riesenkrach gab. Ich habe dann mit meiner Direktrice die Vereinbarung getroffen, daß, wenn ich den ganzen Tag fleißig arbeitete, ich in der letzten Stunde lesen durfte. So bildete ich mich auf meine Weise. Aber sehr bald brach dann die Weltwirtschaftskrise herein, von der auch die Sascha-Filmgesellschaft erfaßt wurde. Im Jahre 1929 wurde ich »abgebaut«, wie die Österreicher sagen, entlassen also. Da ich abends im Auftrag dieser Gesellschaft auch in Kinos kassieren gehen mußte und mir genau notiert hatte, wann ich wo welche Beträge kassiert hatte, konnte ich bei meiner Entlassung eine Abfindung für diese Überstunden raushandeln; und mit diesem für mich damals ansehnlichen Betrag fuhr ich dann in die Schweiz, um dort, wie man damals sagte, »zu walzen«, also herumzuwandern. Es gehört zu den interessantesten Episoden meines Lebens, daß ich damals mit meinem Freunde Grieshaber, heute Gewerkschaftssekretär, auf einer Landstraße von der Polizei angehalten wurde. Ich war nicht das erste Mal in der Schweiz gewesen, und der Polizist hat nach der Aufnahme meiner Personalien in seinem dicken Fahndungsbuch nachgesehen, wo ich tatsächlich bereits als »Vagabund« verzeichnet war. So sah ich mich, wie die witzige Pointe besagt, zum erstenmal gedruckt, was den Grund dafür abgab, daß ich Schriftsteller wurde.

In ein orthodoxes Nähkästl paßt das aber nicht: Sie werden im Zuge der Weltwirtschaftskrise arbeitslos, nutzen das zu langjährigem Studium in der Nationalbibliothek (wo übrigens Stalin seine Schrift »Über die nationale Frage« verfaßt hatte) und in der Arbeiterkammer-Bibliothek, also als Autodidakt, und strolchen gleichzeitig ein bißchen in der Weltgeschichte herum?

Ja, natürlich, nur darf man heute nicht vergessen, daß das, was heute »alternatives Leben« heißt, damals üblich war; das Herumwandern, besonders der deutschen und der österreichischen

Jugend im Sommer, war damals beliebt, die Straßen waren voll von jungen Leuten. Als ich kürzlich in Freiburg i. Br. einen Vortrag hielt, habe ich die Plätze aufgesucht, an denen wir vor Jahrzehnten auf Wanderschaft gestanden, Späße gemacht und Lieder gesungen haben. Wir haben dann entweder bei der Heilsarmee übernachtet und mußten dafür religiöse Lieder singen, haben aber gutes Essen und ein sauberes Bett bekommen; oder wir nächtigten im örtlichen Gefängnis wenn Platz war und sangen auf den Straßen Lieder gegen klingende Münze; und bei schönem Wetter war uns fast alles als Schlafplatz recht, vom schattigen Baumplatz bis zur Scheune. Mir würde das auch heute noch gefallen, wenn mein Alter mich nicht hinderte.

Haben Sie noch eine Erinnerung daran, über welche Themen Sie referierten?

Nein, genau nicht mehr. Aber ich weiß, daß ich sehr vorsichtig und nicht draufgängerisch in meiner Auswahl war. Ich habe von der Auswahl möglicher Referatsthemen, die man mir vorgelegt hat, nur sehr wenige angegeben, und zwar nur die, bei denen ich sicher war: Da kannst Du wirklich etwas leisten. Und auch wenn Goethe schrieb: »Bescheiden sind nur Lumpen«, und ich sicher kein Lump genannt werden möchte, gehört diese Bescheidenheit zu meinen Charakterzügen. Ich kenne meine Grenzen und mache mich deshalb auch als Lehrperson nicht zur Autorität auf Feldern, auf denen ich im Grunde unsicher bin. Wer seine Grenzen nicht kennt, der ist verloren. Und weil ich meine Grenzen kenne, würde ich mich auch nie mit Lukács vergleichen, nicht wegen einer geringeren Intelligenz, sondern wegen der anderen Lebensentwicklung. Lukács hatte schon bessere Startbedingungen in seiner Jugend, und da er daraus was gemacht und sie nicht vergeudet hat, ist seine Kraft und Kreativität enorm gewesen. Man sollte das nicht unterschätzen: Wenn man von jungen Jahren an mit dem Geld des Vaters beliebig umgehen kann, z. B. ein eigenes Experimentiertheater begründen kann, was tatsächlich bei Lukács der Fall war, dann ist das schon ein anderer Start als der meinige.

Sie haben Max Adler auch an der Arbeiterhochschule kennengelernt. Was war die Bedeutung dieser Einrichtung?

Es war damals generell so, daß die bedeutendsten Personen der Österreichischen Arbeiterbewegung sich kein einfaches Funktionärsleben machten, sondern beständig »unter das Volk« gingen und lehrten, so auch an der Arbeiterhochschule. Diese war eine der bedeutendsten Einrichtungen in Wien, sie war eine hervorragende Institution. Da sind Arbeiter zwischen dem 20. und 40. Lebensjahr, die als begabt erkannt wurden, bei vollem Lohn aus den Betrieben herausgegangen und wurden für zwei Jahre auf der Arbeiterhochschule weitergebildet. Danach wurden sie in den Gewerkschaften und in der Partei für Bildungs-, Schulungs- und Agitationszwecke eingesetzt oder wieder in ihren Betrieb entlassen. So wurde jene Schicht herangebildet, die Lukács treffend als »Volkstribunentum« bezeichnet hat und an der wir heute einen so großen Mangel leiden. Das waren nicht eigentlich Intellektuelle, aber es waren Leute, die das Gelesene und Gelernte volkstümlich anwenden und weiterzugeben verstanden, und sei es auch nur für den Alltagsgebrauch, oder in politischen und gewerkschaftlichen Diskussionen, in den Betrieben usw. Sie saßen sozusagen in den Poren der Wiener Bevölkerung, waren im Alltag und im politischen Leben allgegenwärtig. Man begnügte sich damals nicht mit ein paar Phrasen, die man sich aus der bürgerlichen Presse besorgt. Daß es diese »Volkstribunen«-Schicht nicht mehr gibt, daß sie nicht mehr herangezogen wird, gehört zu den größten Verhängnissen der gesamten linken Bewegung in der heutigen Zeit.

Ich neigte Max Adler zu, las mit Begeisterung neben vielen anderen seine Schriften und schulte mich an ihnen. Ich hatte aber sehr früh ein Gespür dafür, daß er mit seinem Kantianismus am Marxismus vorbeigeht, habe mich deshalb damit nicht identifiziert. Max Adler bildete aber gerade als intelligenter Interpret des Marxismus und als einer, der den Konsequenzen des Marxismus nicht ausweichen wollte, mit seiner Gruppe den linken Flügel in der Sozialdemokratischen Partei Österreichs. Es gab heftige Auseinandersetzungen zwischen ihm und Otto Bauer, dem Führer der SPÖ, aber erst recht mit dem Vertreter des rechten Flügels, mit Karl Renner. Die Spannung ging so weit, daß zu einem späteren Zeitpunkt Max Adler, obgleich das bis dahin ständig der Fall gewesen war, nicht mehr zum Parteitag der SPÖ eingeladen wurde, was ihn außerordentlich ärgerte. Er ist darüber auch erkrankt. Ich habe daraus den für mein Leben wichtigen Schluß gezogen, daß man seine Gegner nicht zu ernst nehmen und einen solcherart veranlaßten Ärger von sich fernhalten soll; das hat mir bei den späteren Konflikten mit der SED oder noch später in der BRD sehr geholfen.

Ich möchte auf das Stichwort »Ideologie« zurückkommen. Sie haben mit diesem Begriff den Faden aufgenommen, wodurch Sie sich dann später gegen bestimmte Strömungen im Marxismus und in der Arbeiterbewegung gewendet haben, welche als mechanistisch, deterministisch und ökonomistisch gekennzeichnet worden sind. Dahinter steckt ein gewaltiges theoretisches Problem. Die mechanistische Variante scheint ihre Bestätigung zu finden in dem rätselhaften Satz von Marx: »Die Menschen ma-

chen ihre Geschichte selbst, aber ohne Bewußtsein.« Dem steht gegenüber das berühmte Baumeister-Beispiel aus dem »Kapital«, mit dem Marx ausdrückt, daß »der Baumeister seinen Plan vorher *in seinem Kopfe fertig hat«, im Gegensatz zur »bewußtlos« handelnden Biene.*

Dieses »ohne Bewußtsein« heißt bei Marx etwas Spezifisches, nämlich einerseits soviel wie: Handeln ohne »Plan«, ohne teleologische (zielgerichtete) Setzung wie beim Tier, der Biene, zum anderen heißt dies – je nach dem theoretischen Zusammenhang – so viel wie Handeln mit »falschem« (also irrigem) Bewußtsein. Da nach Engels »alles seinen Durchgang durch den menschlichen Kopf macht«, gibt es für den Marxismus überhaupt kein menschliches Handeln »ohne Bewußtsein«, höchstens als scheinhaftes, irriges. Das Problem, um das es hier geht, ist, daß die Menschen unter bestimmten Umständen mit »falschem Bewußtsein« handeln und deshalb die Geschichte nicht jene Ergebnisse zeitigt, die sie eigentlich hätte haben sollen oder können. Allerdings war zu dem Zeitpunkt, den Sie angesprochen haben, die Problematik in dieser Weise noch nicht gründlich expliziert. Adler und Bauer z. B. waren sich zwar der Differenz über den dialektischen und den mechanistischen Marxismus voll bewußt, aber die Kontroverse war viel unausgebildeter als später, als man mit den Konsequenzen des Dogmatismus in Theorie und Praxis voll konfrontiert war.

Dennoch ist der Verweis von Max Adler, daß das Bewußtsein und in diesem Zusammenhang das Teleologische ein entscheidendes Wesensmerkmal des Marxismus darstellt, bei mir von großer Nachwirkung geblieben, wenngleich ich mich distanzierte von jeder bloß idealistischen (»bewußtseinsmäßigen«) Dialektik, wie sie Max Adler unter dem Einfluß von Kant konzipiert hat. Für den marxistischen Materialismus ist *die Realität selbst* (die gesellschaftliche Praxis) dialektisch und nicht bloß die Reflexion davon, das Denken; Realität und Dialektik sind hier *identisch.* Von dem Moment an, da ich mit Lukács' Theorie bekannt wurde, habe ich diesen Unterschied noch genauer erkannt und Lukács zugestimmt. In der marxistischen Gesamtkonzeption Adlers, und das bedeutet in seiner Gesellschaftslehre, hat sein philosophischer Fehler allerdings keinerlei Spuren hinterlassen, glaube ich. Von Wichtigkeit ist, wie wir gesehen haben, die Unterstreichung des teleologischen Moments in den Bewußtseinsaktionen des Menschen (im Gegensatz zu den bloß bewußtlos triebhaften des Tieres). In dieser Hinsicht hat das Buch Adlers »Kausalität und Teleologie« mit Recht eine große Wirkung ausgeübt. Das, was Lukács konkret und methodologisch in Anwendung auf den Marxismus geleistet hat, das ist in Adlers Buch vorweg zusammengefaßt. Übrigens habe ich bereits im Wiener Konzept zu meinem »Warynski« unabhängig von Lukács die idealistische Dialektikauffassung Adlers ausdrücklich kritisiert, also schon sehr früh. Immerhin war das erwähnte Buch von Adler ein Anstoß für die Beschäftigung mit der Ideologieproblematik, ohne die man der kapitalistischen Klassengesellschaft nicht wirklich, sondern nur phrasenhaft »kritisch« begegnen kann; d. h. man bleibt im Ökonomismus stecken.

Ihr Fortschrittsbegriff hängt mit dem bereits behandelten Thema des Teleologischen zusammen?

Ja. Meines Erachtens gehört der Fortschritt zu den Grundbegriffen der marxistischen Soziologie und ist zu deduzieren aus der Tatsache, daß der Mensch sich im Dienste seiner Bedürfnisse und seiner Selbstverwirklichung teleologisch verhält, und daß innerhalb des gesamten sozialen Prozesses sich diese mannigfachen teleologischen Setzungen kreuzen und verdichten zu einer Tendenz, die, obgleich durch die Praxis und ihre Widersprüche oft zurückgeworfen und auch modifiziert, sich letztlich durchsetzt. Das heißt Fortschritt, und Fortschrittsdialektik besteht demnach in der dialektischen Identität von realer Vergesellschaftung des Menschen und grundsätzlich teleologischer (zielgerichteter) Struktur des menschlichen Bewußtseins, des Denkens (natürlich primär in der Arbeit).

Wenn ich vom Menschenbild spreche, dann impliziert jegliches Menschenbild, ob ein positives oder negatives, ob ein marxistisches oder ein nihilistisches, die Antwort auf die Frage, warum der Mensch handelt und warum er eine Geschichte hat. Und wenn ich weiß, warum er handelt, dann kann ich daraus deduzieren, wie der Mensch sich unter konkreten historischen Situationen konkret verhält. Daß der Mensch nach Freiheit strebt, was anthropologisch begründet werden kann und von mir so begründet wurde, daß der Mensch sein Handeln nach diesem Ziel ausrichtet, ist das eine; was er wirklich konkret in einer bestimmten historischen Situation tut, das andere, wenn auch zueinander vermittelt. Im Gegensatz zum geschichtlich-inhaltlichen ist im anthropologischen Menschenbild nur der formale Antrieb von Belang, nicht seine konkrete – historische, ökonomische, ideologische, politische usw. Ausgestaltung. *Daß* (!) der Mensch Hunger hat, ist eine anthropologische Gegebenheit, die in keiner Weise darüber entscheidet, *was* (!) er unter bestimmten sozialen und ökonomischen Bedingungen wirklich zu sich nimmt, *wie* er es erarbeitet, verarbeitet, verzehrt usw. Aber daß er Hunger hat, bestimmt sein Streben, den Hunger zu stillen. Und den Hunger praktisch zu stillen, kann als eine Art von Freiheit, weil Befreiung vom Hunger bezeichnet werden. Dieses Beispiel ist ein sehr allgemeines und naives, aber es hat den Vorzug, daß man es auf alle Formen der Dialektik von anthropologisch-teleologischem Anstoß und realer, inhaltlicher Verwirklichung übertragen kann.

Ohne die teleologische Setzung des Subjekts, d.h. ohne daß das Subjekt seiner anthropologischen Natur gemäß sich gedrängt fühlt, etwas in seinem Interesse, »zu seinem Glück« zu erreichen, ist der Begriff des Fortschritts undenkbar: d. h. daß die vielen subjektiven Setzungen im Ergebnis mehr zeitigen, dabei mehr herauskommt, als die bloße Summe der vielen subjektiven teleologischen Setzungen, nämlich etwas, was sich »objektiv« über die Köpfe der Subjekte hinweg durchsetzt, also das, was wir den objektiven Prozeß des Fortschritts zu nennen pflegen. Ohne die Berücksichtigung des teleologischen Strebens des Subjekts ist der Begriff des Fortschritts in der Geschichte nicht nur nicht zu erklären, sondern als solcher auch nicht zu beweisen – und ohne Berücksichtigung dieses dialektischen Zusammenhangs bleibt auch die Entwicklung des einzelnen Individuums, seine schrittweise »Selbstverwirklichung« in der Luft hängen, leer und unbeweisbar. Unbeweisbar bleibt aber auch im Bereich des Allgemeinen die Tatsache, daß der Kapitalismus gegenüber dem Feudalismus und der Sozialismus gegenüber dem Kapitalismus einen Fortschritt bedeutet.

Dennoch würden Sie bestimmten Marxismus-Kritikern darin als »fortschrittsgläubig« erscheinen und wahrscheinlich würde man Ihre Sicht der geschichtlichen Entwicklung und des Sozialismus als zu »optimistisch« beiseite tun.

Na, gut, kehren wir zur Praxis zurück: wenn ich heute die sozialistische Entwicklung, insbesondere in der UdSSR unter Gorbatschow, positiv betrachte, dann hängt das erstens damit zusammen, daß ich die Entwicklung im Osten sehr genau beobachte und daraus Analysen entwickle, deren jüngste ich im VSA-Verlag veröffentlicht habe. Zweitens habe ich eine lange Lebenserfahrung, das ist auch etwas wert. Und schließlich weiß ich zu differenzieren. Ich halte ja nicht alles für gut, was in der UdSSR und den sozialistischen Ländern passiert und ich begebe mich ja nicht der Kritik. Aber ich sehe einen Weg, der vom Stalinismus, von der Bevormundung und der Bürokratie wegführt; und ich sehe den klarer als früher, nämlich mit Hilfe der Theorie des Teleologischen und des Fortschritts.

Ist man als engagierter Sozialist nicht auch immer in der Situation, um politisch etwas erreichen zu können, der Grundüberzeugung des Alltagsbewußtseins gegensteuern zu müssen, die besagt: Eigentlich kann es nur so weitergehen, wie es ist? Das Gewicht der normalen Lebensverhältnisse und die Ketten des »business as usual« sind so stark, daß die Kategorie des gesellschaftlichen Fortschritts betont werden muß. Man muß begrifflich deutlich machen, daß es nicht nur individuellen Fortschritt gibt.

Ich stimme voll zu. Außerdem haben wir es nicht nur mit den Bleigewichten des Alltags, sondern auch mit dem Erbe der »Frankfurter Schule« zu tun, die an diese Alltagsphänomene fast affirmativ anknüpfte. Denn oberflächlich gesehen, spricht ja alles z. B. für Adornos These, daß die unaufhaltsame Geschichte des historischen Fortschritts tatsächlich nur eine Geschichte des unaufhaltsamen Rückschritts ist. Hier ist *wissenschaftliche* Kritik anzumelden. Denn nur aufgrund einer kulturkritischen Verallgemeinerung, die nicht nur ökonomistisch, sondern durch und durch mechanistisch ist, kann diese Resignation und der damit verbundene Irrationalismus transportiert werden. Wenn ich historisch ins Konkrete gehe, bekomme ich einen anderen Begriff von historischem Fortschritt, weil ich Widersprüche und Entwicklungen sehe, die stets Neues, oft Überraschendes und keineswegs das »Immergleiche«, wie Adorno sagt, implizieren. Ich sehe gleichsam in den Fugen der »totalen« Verdinglichung dialektisch dazu vermittelte Momente des nach vorne weisenden Teleologischen und des Fortschritts – z. B. neue Fragen und Antworten erzwingende Entwicklungen der Produktivkräfte, daraus sich ergebende ideologische und praktische Widerstände, subjektive Revolten, begrenzte Rebellionen und auch revolutionäre Aktionen beschränkten Ausmaßes usw. z. B. Streiks, Besetzungen, Demonstrationen.

Es geht also nicht bloß um den Gegensatz von Optimismus und Pessimismus, sondern um den von undialektischem Determinismus und der konkreten Analyse der tatsächlichen historischen Situationen?

Genau: Gehen wir in Ihren Lebenserinnerungen ein Stück weiter: Sie sind vor der nationalsozialistischen Besetzung Österreichs aus Wien geflohen?

Ich habe, als Hitler 1938 durch Wien zog und ihn eine ziemlich begeisterte Menge empfing – ich kann nicht sagen, wie viele es waren, Wien war ja »rot« gewesen, aber die Menge sah riesig aus –, nach wenigen Tagen äußerster Vorsicht, in denen ich alle meine marxistischen Bücher verbrannte, mich in die Berge zurückgezogen, äußerst dürftig gelebt. Das wenige Geld, das ich hatte, mußte ich aufteilen auf mehrere Wochen, auch für meine damalige Frau. Ich bin dann nach Wien zurückgekehrt und habe mich mit meinem Freunde Richard Meierhöfler, einem großen blonden Tiroler, zusammengetan, und er kannte einen gewissen Bibelmann, einen typisch jüdisch aussehenden jungen Mann, und wir wollten zu dritt flüchten; Meierhöfler kannte sich in den Bergen gut aus. Wir fuhren nach Landeck, Meierhöfler und ich hatten zur Tarnung das Hakenkreuz angesteckt – der Bibelmann konnte das nicht – da wir doch Angst vor Entdeckung haben mußten. Wir waren bereits hoch in den Bergen und mußten dann wegen eines Herzanfalls von Bibelmann ins Tal zurück. Wir gerieten in eine Naturfreunde-Hütte, die bereits von Nazis besetzt war. Am nächsten Tag wurden wir im Bus verhaftet und verbrachten drei Wochen im Innsbrucker Gefängnis, nachdem wir angebrüllt worden waren: »Saujuden, ihr habt es gewagt, euch als Parteigenossen auszugeben!« Wir hatten dann das große Glück, daß die Polizei in Innsbruck noch nicht ausgetauscht worden war und wurden deshalb zusammen mit anderen Gefangenen an die Grenze gebracht und konnten uns in die Schweiz absetzen, wo wir in ein Lager eingewiesen wurden.

Ich meldete mich zunächst aus Neugierde freiwillig für ein Arbeitslager, in dem entlassene Strafgefangene vorbereitet wurden für den Übergang in das zivile Leben. Insgesamt mußte man mit dem Lagerleben zufrieden sein, trotz einer manchmal übertriebenen Strenge. Später kam ich noch in mehrere andere Lager. Es wurde in den Lagern von den fortschrittlichen Leuten sehr viel politisch diskutiert – und zwar die ganze Problematik der Arbeiterbewegung und des Sozialismus. Es herrschte damals eine tiefgehende Skepsis, es war fraglich, ob der Nationalsozialismus in absehbarer Zeit geschlagen werden konnte – und es waren damals nur sehr wenige, die sich überhaupt für Politik, und noch weniger, für den theoretischen Marxismus interessierten. Erst als offenbar wurde, daß der Faschismus nicht so recht vorwärts kam mit seinen Kriegszügen, belebte sich das ganze Bild wieder, es kam zu Organisierungen von links orientierten Lagermitgliedern, und diese Organisationen versuchten auch, die übrigen Lagerinsassen zu gewinnen; natürlich brachen damit auch Differenzen auf. Ich habe mich einer solchen Organisation damals angeschlossen, wenngleich mit sehr großer Skepsis, weil ich zu meinem Schrecken beobachten mußte, daß sich dort ein dogmatischer Marxismus breit machte – wahrscheinlich zu erklären aus der relativ geringen Schulung der meisten Insassen. Diese Haltung gegenüber den dogmatischen Tendenzen fiel auf, ich bekam Schwierigkeiten in der Gruppe, der ich angehörte. Aber diese Erfahrung hatte den Vorzug, daß ich mich schon früh mit dem auseinandersetzte, was dann später als »Stalinismus« voll auf mich zugekommen ist. Das hat mich wohl mit in die Lage versetzt, als einer der ersten eine im großen und ganzen fundierte Kritik des Stalinismus zu veröffentlichen.

Wie sind Sie dazu gekommen, das Buch die »Wissenschaft von der Gesellschaft« unter dem Pseudonym »Warynski« zu schreiben und zu veröffentlichen. Wollten Sie aus dem Arbeitsdienst heraus etwa »Schriftsteller« werden?

Ich fühlte mich beim Schreiben des »Warynski« keineswegs zu Höherem berufen, es war einfach privater Spaß. Und als ich die Arbeit auf einer kleinen, sehr alten Schreibmaschine in einem winzigen Zimmerchen unterm Dach im Totengäßlein in Basel fertiggestellt hatte, wurde auch die Polizei verständigt, weil aufgefallen war, daß ich Tag und Nacht getippt habe; sie suchte nach angeblich »subversivem« Material und war baß erstaunt, daß ihr nur völlig unverständliches Kauderwelsch zu Gesicht kam. Ich ließ diese Blätter binden und habe dann täglich mit ungeheurem Stolz das Manuskript aus der Schublade genommen und darin wie in einem fremden Buch gelesen. Als ich schließlich nach Zürich mußte, in die Schuhmacherei, wohin ich mich gemeldet hatte, um in der Stadt in der Nähe einer Bibliothek zu sein und nicht in den Arbeitsdienst zu müssen, habe ich weiter am »Warynski« herumkorrigiert, bis mich eines

Tages der Lagerleiter mißtrauisch fragte, was ich da für eine geheime Schrift besäße, die ich so vorsichtig behandelte. Ich sagte ihm, daß es sich um eine theoretische Arbeit privater Natur handele, von einem Autodidakten und nicht von mir verfaßt, um nichts Bedeutendes, wovon ich auch überzeugt war. – Bis ich eines Tages in Basel, in der Familie einer aus Polen geflüchteten Kommunistin, Ella Fisher, einen Mann kennenlernte, der öfter zu Besuch kam und wegen seiner linksradikalen Gesinnung bekannt war; es handelte sich um den Lektor des großen Francke-Verlags in Bern, Dr. Konrad Farner. Ich kam in meiner blauen Arbeitskleidung dahin, und während einer Diskussion fragte mich dieser Farner: Sagen Sie mal, woher haben Sie Ihre Kenntnisse? Er nahm mich als Arbeiter und wunderte sich über meine Belesenheit. Während des nachfolgenden Gesprächs erfuhr er auch von meinem Manuskript und nahm es mit nach Hause. Mehrere Monate später, ich hatte die Sache fast vergessen, teilte er mir mit, daß er die Arbeit veröffentlichen will. Das war ein Glücksfall, ohne den mein Leben völlig anders verlaufen wäre. Um so erstaunter war ich dann zu hören, daß diese Schrift unter einem Pseudonym – Emigranten durften damals in der Schweiz nicht publizieren – in Farners Verlag zusammen mit solchen Größen wie Schumpeter, Benedetto Croce, Guglielmo Ferrero usw. in einer Schriftenreihe erscheinen sollte. Farner hatte für diese Reihe auch einen Marxisten gesucht.

Das Buch war ein großer Erfolg geworden. Viele Rezensionen waren erschienen, darunter eine begeisterte vom Rektor der Basler Universität, Prof. Edgar Salin, in der »Neuen Zürcher Zeitung«; und selbst der reaktionäre Antimarxist Ernst Topitsch nannte das Buch »wohl das bedeutendste neuhegelianische Werk des letzten Jahrzehnts.« »Neuhegelianisch« steht hier natürlich für marxistisch. Bei dieser Gelegenheit möchte ich es nicht unterlassen zu bemerken, daß die Überraschung für viele Leser und Kenner der Materie darin bestand, daß es mir gelungen war (wie später auch in »Geschichte und Dialektik«), den Historischen Materialismus von kantianisch-idealistischen (Adler), sozial-darwinistischen (Kautsky), mechanistischen (stalinistischen) und ökonomistischen (viele) Verfälschungen zu reinigen; auch die hegelianische Überbetonung des Begriffs der Totalität gegenüber den ökonomischen Bedingungen bei Lucács störte mich, was ich auch sehr deutlich sagte, aber ohne Lukács zu erwähnen, weil ich diesen in meinen Augen bedeutendsten Marxisten nicht in den Augen der Mechanisten herabsetzen wollte.

Haben Sie an dem »Warynski« etwas verdient?

Nein, keinen Pfennig. Ich glaube, ich habe den größeren Teil meines Lebens ohne Honorar gearbeitet. Aber Zwänge, die zur Selbstausbeutung führen, sind in der sozialistischen und marxistischen Bewegung nun wirklich nicht ungewöhnlich.

Es war auch ohne Honorar für mich eine ungeheure Erschütterung, als Farner mir schrieb, mein Buch wäre erschienen – ich glaubte es nicht. Ich stürzte, vom Arbeitsdienst kommend, in eine große Buchhandlung in Basel, und hielt dort tatsächlich meinen Text, den »Warynski«, in der Hand. Ich schlief mehrere Nächte lang nicht und befand mich offenbar in einer deutlichen, wenn auch positiven, nervlichen Krise. Es war ein zu großer Sprung vom kleinen Autodidakten zum des Drucks für würdig befundenen marxistischen Theoretiker – mit der heiteren Konsequenz, daß als einige der geschulten Köpfe in der Belegschaft des Arbeitsdienstes das Buch vorgelegt bekamen, ich unter keinen Umständen das Pseudonym lüften durfte, und mir den Spaß erlaubte, an dem Text herumzukritteln, während es von anderen heftig verteidigt wurde.

Viel Ruhe haben Sie sich danach nicht gegönnt, denn Ihr zweites Buch, »Die Geschichte der bürgerlichen Gesellschaft« ist doch noch während des Arbeitsdienstes in der Schweiz entstanden?

Der Arbeitsdienst, um das kurz zu erwähnen, bestand in der Hauptsache aus Feldbau, Straßenbau, Steinbrucharbeiten, Holzfällen und Torfstechen – letzteres war in großer Hitze das Schlimmste. Während dieses Arbeitsdienstes kam mein Vater in Wien auf die Idee, meine gesammelten Aufzeichnungen und Exzerpte, die ich in Wien hatte zurücklassen müssen, mir in Packpapier gewickelt in die Schweiz nachzuschicken – ohne genaue Adresse übrigens, aber das Paket kam dennoch an. Ich habe dann abends, wenn die anderen nach dem Arbeitsdienst Radio hörten oder Karten spielten, mir weiches Kerzenwachs in die Ohren gestopft und mich mit dem Packen Material beschäftigt, zunächst um Ordnung da hinein zu bringen. Ich habe mir schließlich ein einfaches System zurechtgelegt, um mit der »Geschichte . . .« beginnen zu können. Ein großes Blatt Zeichenpapier wurde in kleine Kästchen unterteilt, die jeweils Kapitel oder Abschnitte der Arbeit darstellen sollten, und in die Kästchen habe ich das Material, die Gedanken und jene Exzerptnotierungen verteilt und aufgeschrieben, die ich zur Verfügung hatte. Mit anderen Worten: Ich habe meine Aufzeichnungen und Gedanken mit einfachen Mitteln neu sortiert. Ich war eigentlich selbst verblüfft, daß dabei etwas herauswuchs an Ordnung und Problematik, verspürte plötzlich einen Fanatismus zu schreiben, war mittendrin und so davon getrieben, daß ich bleich und abgekämpft aussah, und meine Freunde sich Sorgen machten.

Schließlich hatte ich vier Wochen Krankheitsurlaub, und habe Tag und Nacht geschrieben, in einem Zimmer im Totengäßlein, das seit dem Mittelalter so hieß, weil damals die Juden, die zur Hinrichtung geführt wurden, durch diese Gasse kommen mußten. Glücklicherweise war die Universitätsbibliothek ganz in der Nähe, wo man innerhalb von zehn Minuten jedes gewünschte Buch erhielt, wo ich einen Platz besetzen konnte, der mir auch für die nächsten Tage noch freigehalten wurde, ohne daß ich Bücher und Aufzeichnungen wegräumen mußte. So ist binnen eines Jahres 1945/46 die »Geschichte der bürgerlichen Gesellschaft« entstanden, was mir ohne diese Bibliothek in der Nähe niemals gelungen wäre.

Woher rührte Ihre Energie?

Ich glaube aus der Lebensweise. Die habe ich heute noch. Ich bin ja nun um die 80 und laufe immer noch die 4 Treppen munter hoch ...

Mit »Energie« meinte ich noch etwas anderes: Sie waren außer Landes, abgeschnitten von Ihren früheren politischen Zusammenhängen, waren im Arbeitsdienst, der offenbar ein Knochen-Job war – und unter diesen Bedingungen schreiben Sie los, ohne zu wissen, ob das gedruckt wird, ob die Botschaft jemand liest und sie der Diskussion für wert hält. Was hat Sie dazu angetrieben?

Ehrlich gesagt, diese Frage habe ich mir selber oft vorgelegt, aber ich kann sie nicht genau beantworten. Ich bin vielleicht ein Fanatiker, jedenfalls ging ich nicht lange mit der Arbeit schwanger. Aber, wissen Sie, es ist sehr schwer, sich in dieser Hinsicht selber zu reflektieren und dabei gewissenhaft und wahrhaftig zu bleiben. Es ist mir lieber, wir lassen es einfach dabei, daß es so passiert ist. Es gibt allerdings einen gänzlich unmarxistischen Satz, der von Cromwell stammt, und merkwürdigerweise auf mich zutrifft: »Am weitesten kommt, der nicht weiß, wohin er geht.« Das ist ein idealistischer, ein reaktionärer Leitspruch – aber er trifft wenigstens hinsichtlich der wichtigsten Erlebnisse offenbar für mich zu. Wenn ich in meinem Leben etwas geplant habe, ist es mit Sicherheit schiefgegangen; ich bin ein ganz und gar unpraktischer Mensch. Natürlich habe ich inzwischen gelernt, mich ein bißchen zurechtzufinden, aber die wichtigsten Dinge in meinem Leben haben sich durch Zufall ereignet.

In der Zwischenzeit haben Sie eine neue Erfahrung in der Schweiz gemacht, Sie sind mit Arbeiten Lukács' konfrontiert worden. Hat Lukács auch schon für den »Warynski« eine Rolle gespielt?

Ja, ich zitiere ihn dort auch ausführlich – allerdings findet sich das alles in den Fußnoten. Ursprünglich waren diese Passagen im Haupttext, aber Farner hat dann alle schwierigen Passagen in die Anmerkungen getan. Das war mir nicht recht, aber ich konnte mich noch so wehren, er blieb bei seiner Meinung: Das Buch sei andernfalls zu sperrig, zu schwer lesbar – was nun wiederum auch merkwürdig war angesichts der Reihe von »schwierigen« Theoretikern, die in der Nachbarschaft meines Buches bei Francke nun schon veröffentlicht waren. Jedenfalls habe ich den »Warynski« bereits unter zwei Aspekten geschrieben: Erstens unter Betonung der Bewußtseinskategorie in Anlehnung des mechanischen Materialismus; nämlich daß im Historischen Materialismus im Bereich des Menschlichen, des Gesellschaftlichen und des Geschichtlichen überhaupt nichts passiert und zu begreifen ist, ohne durch das Bewußtsein hindurchzugehen. Das stand unter der Beeinflussung von Max Adler und erst später habe ich direkt im Rückgriff auf Lukács die den Kapitalismus beherrschende *Verdinglichungskategorie* kritisiert, also jene Interpretation der Rolle des Bewußtseins, in der »die Dinge uns beherrschen«. Die Dinge tun und können gar nichts. Und zweitens geriet ich direkt in den Bann der Lukácsschen Dialektik und ihrer Anwendung. Dialektik und Historischen Materialismus auf so wesensfremde Gebiete wie Kunst und Ästhetik anzuwenden, das war keine so einfache Sache. Gretchen historisch-materialistisch zu interpretieren, nun gut, das ist ja ein sozusagen erdverbundenes Sujet aus Fleisch und Blut – aber den Geist Fausts und gar Mephisto? Das hat mich nicht losgelassen.

Ich bin aber erst sehr spät auf Lukács gestoßen, erst nachdem ich einige Jahre in der Schweiz beim Arbeitsdienst war. Während eines Urlaubsbesuchs in Basel habe ich in einer kommunistischen Buchhandlung, deren Besitzer ich kannte, die Zeitschrift »Internationale Literatur« entdeckt und wollte sie mir ausleihen. Sie wurde wie ein Heiligtum gehütet, aber ich durfte ein Exemplar mal mit nach Hause nehmen. Dort stieß ich auf einen Aufsatz von L. – und es hat bei mir »gezündet«. Ich habe sofort bemerkt, daß alles übrige, was ich in der Zeitschrift noch fand, weit hinter Lukács' Aufsatz zurückfiel. Ich erinnere mich, daß ich dann geradezu wie in einem Taumel seine Aufsätze las; es eröffnete sich mir eine völlig neue Welt, es faszinierte mich die Aussagekraft. Ich hatte das Gefühl, völlig unsicher und zurückgeworfen zu sein, als ich dieser für mich neuen »geheimnisvollen« theoretischen Welt begegnete. Das war im Jahre 1940, ich war damals bereits 33 Jahre alt.

Mit der aufgeworfenen Frage der »Verdinglichung« sind wir direkt bei Lukács' »Geschichte und Klassenbewußtsein«.

Ja, »Geschichte und Klassenbewußtsein« stellt unter anderem auch, aber für Lukács selbst noch unbewußt – er hat erst später in diesem Punkt »Selbstkritik« geübt – eine Kritik an Hegel dar. Bei Hegel (wie auch bei Marx) »entäußert« sich der Mensch tätig in seinen Werken, er »vergegenständlicht« sich. Diese Vergegenständlichung ist für Hegel zugleich Verobjektivierung. Das Werk (das »Ding«) steht, einmal geschaffen, dem Menschen gegenüber, es wird dem Menschen gegenüber »entfremdet«. Aber diese Verobjektivierung der Resultate des menschlichen Tuns ist das eigentliche Problem. Wenn man Lukács genau liest, fällt auf, daß er quasi denselben Fehler macht wie Hegel, weil er nicht sieht, daß Vergegenständlichung oder Entäußerung als »ewige« und den Menschen definierende anthropologische Kategorien einerseits, und gesellschaftliche Verdinglichung, die besonders für den Kapitalismus charakteristisch ist andererseits, nicht dasselbe sind. – Aber Lukács ist weit davon entfernt, die Verdinglichung als eine anthropologische Kategorie zu begreifen. Lukács hat später seine Ausführungen in »Geschichte und Klassenbewußtsein« kritisiert und sich selber eine idealistische (hegelianische) Verwechslung von Vergegenständlichung als anthropologische Kategorie und Verdinglichung als historische Kategorie vorgeworfen. Da ist er aber mit sich selbst zu scharf ins Gericht gegangen. Denn die konkrete Verdinglichungs-Analyse in »GuK« ist durchaus, besonders im direkten Anschluß an das »Kapital«, im Marxschen Sinne gehalten und läßt an Scharfsinn nichts zu wünschen übrig.

Ein anderes Problem dagegen hat Lukács gar nicht bemerkt; es hängt mit seiner Zeit zusammen, und es ist mir vor allem deshalb aufgefallen, weil ich zwanzig Jahre jünger bin als Lukács. Zu seiner Zeit war es üblich, daß, wenn jemand ein wirklicher Denker sein wollte (besonders gegenüber dem Publikum), er dann selbstverständlich von der Philosophie ausging. Das gehörte zum Ansehen des Wissenschaftlers, man war zunächst Philosoph. Spöttisch gesprochen: Wenn man schmutzige Füße hatte, kam das Waschen nach der Philosophie über das Waschen. Lukács stand ganz in dieser ur-philosophischen Tradition, genauso wie Max Adler und andere. Einerseits bedeutete »GuK« eine endgültige Abwendung vom Kantianismus, erstmals erschienen 1923. Aber die philosophische Tradition bewirkte, daß Lukács trotzdem in diesem Buch zwei Probleme durcheinanderbrachte, indem er die Kantianische Begrifflichkeit benutzte.

Für Kant gibt es einmal das »Ding an sich« und zum anderen das Erkenntnisvermögen. Dieses »Ding an sich« ist für Kant die äußere Natur, die, nach Marx, »wir nicht gemacht haben«, im Gegensatz zur menschlichen Welt, die »wir gemacht haben«. Für Kant bleibt zwischen Natur und Denken eine unüberwindliche kontemplative Distanz, das »Ding an sich« ist für ewig unerkennbar; Für Marx und Lukács aber ist die menschliche Welt, weil wir sie selbst gemacht haben, durchschaubar und zwar über die gesellschaftliche Praxis, worauf ich hier nicht näher eingehen kann. Nun wirft Lukács Kant vor, daß er diese Erkennbarkeit der Realität über die Praxis nicht gesehen hat. Dieser Vorwurf richtet sich somit gegen das Falsche, weil Kant es mit einer ganz anderen Welt zu tun hat als Marx, nämlich mit einer praxisfremden. Im »Kapital« heißt es wörtlich: »Die Menschheitsgeschichte unterscheidet sich von der Naturgeschichte dadurch, daß wir die eine gemacht, die andere nicht gemacht haben.« Das Kantsche und das Marxsche Problem sind miteinander weder methodisch noch sachlich vergleichbar. Mittels der tätig-menschlichen Praxis läßt sich nur die vom Menschen selbst erzeugte Verdinglichung erkennen, die, solange sie unerkannt ist, als *quasi* »Ding an sich« betrachtet werden kann, welche terminologische Vorgangsweise aber nur verwirrend wirken muß. Glücklicherweise berührt die Lukácssche Ungenauigkeit in der Erfassung des Problems nicht die Substanz seiner Untersuchung, und das bedeutet des Problems der kapitalistischen Verdinglichung. Um es noch anders auszudrücken: Das Kantsche Problem der Erkennbarkeit des verschleierten »Dings an sich« geht die Mathematik und die Naturwissenschaft etwas an, wie Kant selbst sagt, das ideologische Problem der Verschleierung menschlicher Verhältnisse in der Form der Verdinglichung dagegen geht nur etwas die dialektische Gesellschaftstheorie an. Die beiden Formen des sog. »Dings an sich« haben miteinander nichts zu tun.

Ist es nicht ein anderer Lukács als der, wie er durch die Studentenbewegung rezipiert wurde?

Sicher, aber da muß ich Lukács zunächst verteidigen. Theoretische Repräsentanten der Studentenbewegung haben damals – nicht durchgängig, aber häufig – etwas Unzulässiges unternommen. Sie haben aus theoretischen Texten, also aus dem Marxschen »Kapital« wie aus Lukács »Geschichte und Klassenbewußtsein«, Wirklichkeit sozusagen »ableiten« wollen, weil man über keine konkrete soziologische oder Klassen-Analyse verfügte, weil man mit dem Problem des integrierten Proletariats nichts anzufangen wußte, weil vor allem die Lehrmeister dieser Generation, die Frankfurter Schule, über diese Realität nichts Fundiertes, vor allem nichts Empirisch-Exaktes zu sagen wußten; sie haben nur in pauschalen und sehr abstrakten Begriffen geredet. Und viele haben dann eben versucht, diese Probleme über Lukács zu lösen – was dabei rausgekommen ist, kann man nicht ihm vorwerfen. Viele haben von Lukács eine soziologische Analyse haben wollen, dort, wo er überwiegend methodologische Hinweise gegeben hat. Natürlich ist dadurch nicht bewiesen, daß diese methodologischen Hinweise falsch gewesen sind.

Allerdings muß ich einräumen, daß es wenige marxistische Theoretiker gegeben hat, nicht Adorno, nicht Bloch, nicht Lukács, die sich mit speziellen Fragen der marxistischen Soziologie und der Sozialstrukturanalyse beschäftigt haben – nach den 50er Jahren waren das Abendroth, Kofler, das Projekt Klassenanalyse und das IMSF in Frankfurt. Vor meiner Generation haben sich nur wenige auf Einzelprobleme wie Proletariat, Kleinbürgertum, Bürokratie, Intelligenz, bürgerliche und progressive Elite usw. eingelassen. Und das scheint mir ein Fehler, eine wesentliche Schranke der alten marxistischen Schulen gewesen zu sein, die zu manchen Fehlurteilen Anlaß gegeben hat.

Schließlich gab es hinsichtlich Lukács ein weiteres verbreitetes Mißverständnis, das sich über seine angebliche »Spontaneitätstheorie« gebildet hat: Es wurde behauptet, sie stünde jener von Rosa Luxemburg sehr nahe. Bei der Lektüre von Lukács' »GuK« scheint es manchmal tatsächlich so, als ob er eine konsequente Spontaneitätstheorie vertreten würde, indem er dem Proletariat eine, ohne jegliche ideologische Vorbereitung mögliche, gleichsam automatische weltgeschichtliche Rolle zuweist; ein automatisches proletarisches Bewußtsein »für sich«, von dem aus sich Geschichte sowohl begreifen als auch verändern ließe. Aber Lukács unterscheidet in seinem Buch sehr scharf zwischen dem bloß intuitiven, unartikulierten, oder wie er sagt, bloß »psychologischen« Alltagsbewußtsein des Proletariats und dem, was durch die Partei, durch den bewußten Vortrupp der Bewegung gestaltet worden ist. Wie der Text beweist, war Lukács überzeugt davon, daß die Leninsche Konzeption des Hineintragens der Aufklärung in das Proletariat durch einen Vortrupp unbedingt erforderlich ist, damit aus dem Proletariat »an sich« ein Proletariat »für sich« entsteht. Lukács betont sogar ausdrücklich den verderblichen Einfluß der bourgeoisen Ideologie auf das Proletariat, dies nicht zuletzt auch mit Hilfe der reformistisch-sozialdemokratischen Partei – während Rosa Luxemburg ein uneingeschränktes Vertrauen in die spontane »Selbsterkenntnis« des Proletariats, in die Spontaneität im revolutionären Sinne artikuliert. Deshalb halte ich die Unterstellung einer weitgehenden Übereinstimmung der Bewußtseins- und Spontaneitätstheorie zwischen Lukács und Luxemburg für unhaltbar.

Schwieriger ist Lukács' Verhältnis zum Stalinismus gewesen. Er hat die Oktoberrevolution mit großer Begeisterung begrüßt und hat sich auch später im großen und ganzen mit offener Kritik zurückgehalten. An Kritischem kenne ich nur die aus dem Jahre 1940 stammende Schrift »Volkstribun oder Bürokrat«, die sich aber in eine literaturtheoretische Maske hüllt, und aus dem Jahre 1958 die Schrift »Wider den mißverstandenen Realismus«, in deren zweitem Teil er scharfe Kritik an der stalinistischen Literaturauffassung übt. Auch hat er nach dem 20. Parteitag, auf dem Chruschtschow mit dem Stalinismus hart abrechnete, gelegentlich kritische Äußerungen getan. Allerdings: schon in »GuK« wendet sich Lukács gegen das Mißverständnis, daß Rosa Luxemburg vorbehaltlos (!) die bekannte Forderung der »Freiheit für Andersdenkende« gestellt haben soll, und weist nach, daß Luxemburg damit die Freiheit der Fraktionsbildung innerhalb der sozialistisch-kommunistischen Bewegung verstanden hat. Vielleicht ist auch dies zu relativieren, wenn man bedenkt, daß sie ermordet wurde, bevor sich der Stalinismus in seiner terroristischen Form entwickelt hatte. Bei einer genaueren Betrachtung von Lukács' Verhältnis zum Stalinismus müßte auch die ganze Ästhetik- und Realismusdebatte – über Stalins irrsinnigen »romantischen Realismus« äußere ich mich ausführlich in meiner Schrift »Aufbruch in der SU?«, (VSA-Verlag, 1986) – aufgerollt werden.

Wenn Sie zusammenfassen müßten, was Lukács' bedeutendster Einfluß auf den Marxismus und die Arbeiterbewegung gewesen ist, was würden Sie da nennen?

Z. B. seine großartigen historischen Reminiszenzen in verschiedenen seiner Einleitungen hauptsächlich über Deutschland, dann seine literaturtheoretischen Untersuchungen, die ja stets zugleich Vermittlungen der Anwendungsweise des Historischen Materialismus, der humanistischen Weltauffassung und der Gesellschaftskritik sind, jedoch nicht, nicht unbedingt, wie viele denken, die Lukácssche »Ontologie«. Wenn ich seine Ontologie als einen Versuch betrachte, in Anlehnung an Nikolai Hartmann den Historischen Materialismus und überhaupt den Menschen in den Gesamtkosmos des Seins hineinzustellen und deshalb sozusagen mit der Natur anzufangen, so ist das für mich ein vielleicht ganz interessanter, aber für den Marxismus überflüssiger Versuch. Für mich bedeutet es eine Art Rückfall in den Materialismus mechanischer Art – nicht explizit, denn Lukács war viel zu intelligent, um dem mechanischen Materialismus auf den Leim zu gehen, aber in der Konsequenz. Als Lehrbuch würde ich die »Ontologie« sogar empfehlen. Aber ich bin der Meinung, daß die Hauptaufgabe der marxistischen Theorie darin besteht, nicht beim Kosmos, sondern beim Menschen zu beginnen, denn alles andere absorbiert zuviel Zeit, Kraft und Geduld, wo wir doch Wichtigeres zu tun haben. Mir erscheint deshalb Lukács' Ontologie nicht als ein Höhepunkt marxistischen Schaffens.

Um vergleichsweise einen anderen Punkt herauszuheben. Wirklich bedeutend ist Lukács für mich z. B. wegen seiner radikalen und expliziten Bewußtmachung der Identität von Verdinglichung und Kapitalismus, der Enthüllung des historischen Charakters der Verdinglichung mit allen ihren, vielfach vermittelten Konsequenzen für alle Formen der modernen Entfremdung, der Vernichtung des eigentlich Menschlichen am Menschen. Lukács wird nicht müde, in seinen literaturtheoretischen Aufsätzen diese Entfremdungsformen deutlich zu machen. Im Bereiche des Allgemeinen wird er nicht müde, Marx dahingehend zu zitieren und zu interpretieren, daß in den vorkapitalistischen Gesellschaften die Verhältnisse der Personen in ihren Arbeiten als persönliche Verhältnisse erschienen und nicht verkleidet, wie im Kapitalismus, in gegenständliche Waren-Verhältnisse, in Eigenschaften der Arbeitsprodukte oder Dinge. Das ist auch heute noch offenbar für viele schwierig zu fassen, weshalb mich vor einiger Zeit Wolfgang Fritz Haug fragte, wieso ich in einem meiner Beiträge den Satz kritisiere: »Die Dinge beherrschen uns.« Das kann Schelsky sagen oder Habermas, aber kein Marxist. Ich habe mich einmal lange in einer menschenleeren Fabrikhalle aufgehalten und konnte nicht bemerken, daß die Dinge, die Maschinen, sich rührten oder gar mich beherrschten. Die Überwindung des mechanischen Materialismus ist sicher auch deshalb so schwierig, weil es nicht leicht ist, den Gedanken zu fassen, daß hinter ein Paar Schuhen und ihrem Preis (d. h. ihrem Verhältnis zu anderen Dingen, vermittelt durch das Geld) menschliche Verhältnisse stecken, ja daß diese menschlichen Verhältnisse dieses Paar Schuhe sogar definieren, nämlich in ihrem Wert. Die Verdinglichungsstruktur des Kapitalismus ist sicher das dunkelste soziale Phänomen der Weltgeschichte. Das Großartige an Lukács war, daß er dieses Problem bereits in den Mittelpunkt gerückt und interpretiert hat, bevor Marx' Frühschriften herausgegeben waren, direkt aus dem »Kapital« heraus.

Zweitens ist hervorzuheben Lukács' Interpretation der Ästhetik. Die Aussagen von Marx und Engels über ästhetische Probleme umfassen immerhin fast 1000 Seiten, wenn auch über das ganze Werk verstreut. Lukács hat daraus ein geschlossenes System gemacht, zunächst anhand ästhetischer Einzelanalysen. Er hat also nicht »wie der Blinde von der Farbe« geredet. Der haltlose Vorwurf, er sei unkritisch an der klassischen Literatur hängengeblieben, den dogmatische Marxisten und bürgerliche Theoretiker teilen, kommt daher, daß nicht verstanden wird, daß jedes Gebiet des menschlichen Geistes, somit auch die Ästhetik, seine eigene innere Gesetzmäßigkeit hat und dies ohne Rücksicht auf die historisch sich wandelnden künstlerischen Inkarnationen; d. h., daß es die klassische Literatur ist, die diese ästhetische Gesetzmäßigkeit am konsequentesten zur Anwendung bringt, wenn auch der Eigenart des dichterischen Schaffens entsprechend nicht bewußt rational, sondern intuitiv (was »Begabung« heißt). Eben *deshalb* heißt diese Literatur »klassisch« – wobei sie vielerlei Verwandte in der Geschichte der Literatur hat, aber auch viele irrlichternde (»klassik«feindliche) Brüder. Das heißt, daß zwar Aischylos die Probleme anders gesehen und beschrieben hat als Tolstoi, aber die Art und Weise, wie er an diese Probleme herangegangen ist, die ästhetische Methode, unterliegt denselben Gesetzen. So ist es eine Tatsache, daß in der Literatur (im Gegensatz zur verallgemeinernden Wissenschaft etwa) das Individuelle über das Allgemeine dominiert (wir haben es immer mit bestimmten Personen zu tun). Wir haben es zu tun mit Judith, Anna Karenina, Faust usw., mit Schicksalen von Einzelpersonen jedenfalls, wobei, wie Lukács betont, das Allgemeine, die Epoche und die soziale Situation dialektisch durchscheinen. Dies und vieles andere macht jene Gesetzmäßigkeit aus, die Lukács an der klassischen Literatur aufgewiesen hat (in einer Zeit bereits, da Tolstoi noch von vielen Arbeitern gelesen wurde). Die Verfechter der verbreiteten Entartung der Literatur von heute (flacher Naturalismus, heuchlerischer Subjektivismus, spielerischer Formalismus, menschenfeindlicher Nihilismus usw.) hätten nichts nötiger, als eine Schulung in Lukácsscher Ästhetik.

Sie sind am Kriegsende von der Schweiz in die damalige Sowjetische Besatzungszone Deutschlands und zwar nach Halle übergesiedelt. Wie kam es dazu?

Der Rektor der Baseler Universität, Salin, war auf den »Warynski« aufmerksam geworden und schrieb eine, wie bereits bemerkt, lobende Kritik. Einer meiner Bekannten an der Universität lüftete dem Rektor gegenüber meine Identität und fragte, was man mit mir machen sollte, weil ich demnächst das Land hätte verlassen müssen, sobald der Krieg zu Ende war. Salin lud mich ein und hat dann den Schriftstellerverband informiert. Der Schriftstellerverband schlug mir vor, nach Deutschland zu gehen, da es dort demnächst an Kräften mangeln werde, die lehren konnten und mit dem Nationalsozialismus nicht belastet waren. Da ich Freunde in Halle an der Saale hatte, habe ich mich dafür entschieden. Damals, 1947, waren noch kurze Zeit die Amerikaner in Halle, danach kamen die Sowjets.

Sie sind dann aber nicht »auf gut Glück« nach Halle gefahren, sondern hatten ein konkretes Arbeitsangebot?

Man hatte mir vorgeschlagen, daß ich in Halle als Lehrer

wirken sollte, möglichst an einer Oberschule. Ich wurde eingeladen; man sagte, alles weitere wird sich finden, ich sollte nur erst einmal kommen. Es war sehr schwierig, durch das zerstörte Deutschland zu reisen, ich mußte über die Tschechoslowakei. Ich hatte von Verwandten in Zürich für Verwandte in Prag einen Hut mit auf die Reise bekommen, den ich in Prag überreichen sollte. Ich bin dann dahintergekommen, daß in den Hut Dollars eingenäht waren; so daß ich unfreiwillig Schmuggeldienst geleistet habe, der mir hätte zum Verhängnis werden können. Aber ich bin schließlich tatsächlich in Halle angekommen.

Dort wurde ich vom Kultusministerium freundlich empfangen, wohnte beim damaligen Oberstaatsanwalt und bereitete mich auf meine Lehrtätigkeit vor.

Wie ist Ihr »Karrieresprung« vom Gymnasiallehrer zum Professor vor sich gegangen?

Das war eine der merkwürdigsten »Zwangsveranstaltungen«, die ich je in meinem Leben erfahren habe. Es war Hochsommer, ich hatte Ferien, und habe Seminarkurse gehalten. Plötzlich wurde ich von der SED vorgeladen. Ich dachte, das bedeutet nichts Gutes. Als ich in den Raum kam, lag auf dem Tisch die »Geschichte der bürgerlichen Gesellschaft« als Manuskript.

So, sagten die Genossen, was für ein brauchbares Buch, und weißt Du, wir haben im Bildungssystem so wenig Leute; was nach dem Krieg übriggeblieben ist, sind zwar keine Nazis, aber alles Bürgerliche, und wir brauchen Marxisten! Also, Du gehst an die Universität!

Nein, habe ich gesagt, kommt überhaupt nicht in Frage, ich bin froh, daß ich mein Dokument als Oberschullehrer habe. Was soll ich mich an der Hochschule blamieren, ohne Doktor?

Ja, daran haben wir auch schon gedacht, Du machst Deinen Doktor!

Ich kann keinen Doktor machen, ich habe gar nicht studiert.

Ja, das macht überhaupt nichts, wir haben einen Begabten-

Paragraphen, nach dem reichst Du Deine Veröffentlichung ein und wirst dann ohne Studium promovieren können!

Ich weiß noch: Wir haben zwei Stunden diskutiert. Ich habe mich mit Händen und Füßen gewehrt. Für mich war damals ein Professor eine Art Gott, heute weiß ich, daß ein Professor nichts Besonderes ist. Ich hatte Angst, Professor zu werden, und Angst, hoch zu steigen und tief zu fallen. Also, sagten sie: Paß' auf, wenn es schief geht, wenn es nicht so läuft, wie wir uns das vorstellen, Dein Vertrag an der Oberschule bleibt dann bestehen. Und damit haben sie dann schließlich meinen Widerstand gebrochen.

Und wie verlief das Promotionsgespräch, das Rigorosum?

Ich bin in diese Prüfung mit der festen Überzeugung gegangen, daß ich durchfallen würde, und war deshalb ganz ruhig. Da saßen, nach dem Begabtenparagraphen mußte es die ganze Fakultät sein, 21 Professoren und examinierten mich über zwei Stunden: über Themen aus meinem Buch, über den Unterschied zwischen der Croceschen und der Marxschen Geschichtsauffassung, sogar über die Florentinische Akademie aus dem ausgehenden 15. Jahrhundert (ich verwies auf Pico von Mirandeola, Ficinus Bessarion), über John Lockes Staatstheorie und vieles, wie es sich gerade aus dem Gespräch ergab. Dann wurde ich gebeten, nach draußen zu gehen. Nach einer Viertelstunde wurde ich wieder hereingerufen. Der Rektor, Prof. Eisfeld, beglückwünschte mich: »Zu Ihrer und unserer Freude kann ich sagen: Sie sind durchgekommen – aber zudem: summa cum laude.« Ich habe mich tief verbeugt und bedankt, bin hinausgegangen und habe den nächstbesten Studenten gefragt: »Was, bitte, ist das für eine Note, summa cum laude?«

Damit waren Sie aber erst Doktor, nicht Professor?

Richtig, aber diese Prozedur hat sich direkt angeschlossen. Ich traf noch auf dem Flur den Professor Winter, der mir das »Du«

anbot und mich zum Essen einlud. Als ich nach dem Grund dieser freundlichen Einladung fragte, antwortete er: »Denen hast Du es gezeigt. Die hatten doch beschlossen, Dich durchfallen zu lassen. Kommt so einer aus dem Arbeitsdienst daher und will gleich seinen Doktor machen ...« Mit »denen« waren die eher bürgerlichen, konservativen Professoren gemeint. Die anderen waren begeistert, haben mich zu Kaffee und Kuchen eingeladen und mich bedrängt: Selbstverständlich, jetzt wirst du auch Hochschullehrer. Wieder habe ich mich gewehrt, und hätte auch beinahe Glück gehabt damit, weil zwischen Promotion und Habilitation eigentlich zwei Jahre vergehen mußten. Aber da gab es, wie so häufig im Krieg, nun wiederum einen Paragraphen, nach dem in besonderen Fällen eine Ausnahme möglich war. Und so ist auch meine Professur bald danach über die Bühne gegangen. Als ich dann meine erste Vorlesung hielt, hatte ich mehrere schlaflose Nächte, bereitete mich gewissenhaft vor, wühlte in riesigen Bergen von Material und war völlig durcheinander. Ich hatte Angst, war nervös und gab eine ziemlich lächerliche Figur ab. Es lief aber gut, und ich habe kurz danach meine Vorlesungen im Auditorium Maximum durchgeführt. Wenig später hat dieser Umstand zur Verärgerung der SED beigetragen.

War es denn rückblickend ein Fehler, daß Sie sich für die Universitätslaufbahn quasi von der SED haben breitschlagen lassen? Denn immerhin kann man vermuten, daß Sie als Oberschullehrer vielleicht Schwierigkeiten, aber keine derartige Kampagne hätten ertragen müssen. Vielleicht wären Sie auf diese Weise sogar in der DDR geblieben?

Ich wollte, angeregt durch die Erfolge, weiter schreiben und veröffentlichen. Die SED war damals in der Hauptsache stalinistisch, d. h. u. a. der Marxismus dogmatisch und mechanistisch deformiert. Es wäre unter keinen Umständen, auch an der Oberschule nicht, gut gegangen. Von einem Gorbatschow war die damalige sozialistische Welt noch weit entfernt.

Haben Sie noch Erinnerungen an die politische Situation in der DDR vor ihrer Gründung? Manche historische Beobachter vertreten die These, in der Sowjetischen Besatzungszone habe im Parteiapparat und unter den Funktionären der SED quasi eine »nachstalinistische Aufbruchsstimmung« vorgeherrscht. Haben Sie das so erlebt?

Zum Teil. Es gab noch während des Krieges die Hoffnung, ausgedrückt z. B. in dem Buch »Rußland unterwegs« des evangelischen Theologen Fritz Lieb, daß die Konzessionen an die Freiheiten von Institutionen, politischen Strömungen und Personen, die Stalin im Laufe des Großen Vaterländischen Krieges einzuräumen gezwungen war, nach dem Sieg über Hitler fortwirken würden, und zu ernsthaften Reformen in antistalinistischem Sinne führen könnten. Von dieser Atmosphäre war anfangs auch in der SBZ etwas zu spüren, wenn auch weniger bei dem höheren Funktionärskader, der überwiegend in der Sowjetunion und in einer streng stalinistisch-dogmatischen Tradition ausgebildet worden war.

Diese Funktionärsschicht hatte übrigens andere Motive und Verhaltensformen als die, die ihnen vielfach von westlichen Medien zuerkannt werden. Es handelte sich zumeist nicht um dekadente Leute, die sich mittels ihrer Stellung bereicherten, sich um ihre eigenen Interessen bekümmerten und die staatliche Bürokratie dafür nutzen. Solche Leute gab es nur in der eigentlichen Wirtschaftsbürokratie, deren ökonomisch-praktische Denkweise, die sie von manchen Kapitalisten im Westen kaum unterschied, sie auch zu subjektiv korrupten Verhaltensweisen verführte. Das waren aber wenige; die übrige Funktionärsschicht handelte subjektiv idealistisch und sich aufopfernd. Das wurde mir selbst bei Koenen deutlich, meinem eigentlichen Kritiker und Gegner, der einen großen Part darin spielte, daß ich das Land verlassen mußte. Er schrie mich einmal während einer heftigen Auseinandersetzung in seiner Wohnung an: »Ich stehe morgens um 5.00 Uhr auf und komme selten vor 24.00 ins Bett. Ich opfere mich für die Partei – und da kommst Du und willst uns belehren?« Das war sein stärkstes

Argument und dieses moralische Argument war zutreffend – aber eben leider nur ein moralisches, kein sachliches Argument.

Gerade wegen dieses Idealismus waren und sind diese Funktionäre gefährlich für die Entwicklung des Sozialismus. Denn man kommt an sie durch Kritik nicht heran. Sie sind geschützt durch ihr moralisches Verhalten, durch ihre Integrität und durch ihre asketische Lebenweise; dies alles zusammen macht sie fast unangreifbar. Ich hätte damals dies zumindest anerkennen sollen. Statt dessen habe ich offen in Vorlesungen und Seminaren meiner Ansicht Ausdruck gegeben, daß praktische und ideologische Tendenzen in der SBZ dem originären Marxismus nicht entsprächen. Und überdies besaß ich die, vom Standpunkt der SED aus gesehen, ungeheure Frechheit, aus der Partei auszutreten. Beides konnte diese Funktionärsschicht nicht tolerieren. Aber ich betone: Ihr Dogmatismus und ihre Verbürokratisierung ist nicht mit Charakterlosigkeit zu verwechseln.

Wann sind Sie in die SED eingetreten?

Sofort nach meiner Übersiedlung nach Halle.

Unter Beibehaltung Ihrer Mitgliedschaft in der SPÖ?

Ach . . ., an die habe ich gar nicht gedacht. Meine SPÖ-Mitgliedschaft ist weitergelaufen, praktisch allerdings nicht, denn ich habe keine Beiträge mehr gezahlt. Ich habe die Beitragszahlung erst wieder aufgenommen, als ich im Westen war und bei einem Wienbesuch gefragt wurde, ob ich nicht wieder SPÖ-Mitglied werden wolle. Ich hatte damit keine Probleme, denn ich habe der SPÖ in meiner Entwicklung eine Menge zu verdanken.

Gab es in Ihrer Auseinandersetzung mit der SED eigentlich noch Dialogisches oder prallten unvereinbare Standpunkte aufeinander?

Es gab Diskussionen, aber mit sehr wenig Verständnis. Meistens waren mehrere Leute beauftragt, sich auf unterschiedlichen Gebieten so zu spezialisieren, daß sie mich – der ich mich ja nur alleine verteidigen konnte – »fertigmachen« konnten. Das gipfelte dann in scharfem Tobak: Du bist ein Idealist, Du verdirbst den Marxismus, Du kommst von Hegel nicht los, usw. Charakteristisch war das Argument: Du bist ein Träumer, im Sozialismus kann man nicht träumen, wir haben praktische Probleme, die wir zu lösen haben. Ich habe dann, auf dieses Argument vorbereitet, eine Lenin-Broschüre aus der Tasche gezogen und ihnen eine einschlägige Passage daraus vorgelesen: »In unserer Partei gibt es zu wenig Träume, wir müssen mehr träumen.« Dieses berühmte Lenin-Zitat war diesen Funktionären gar nicht geläufig, weil sie Lenin und auch Marx immer nur völlig ökonomistisch gelesen haben. Die Marxschen Aussagen z. B., daß die Menschen Teil eines sozialen Prozesses sind, Geschichte genannt, den sie »selber machen«, haben diese Leute genausowenig verstanden wie den erstaunlichen, von Marx *vor* Sigmund Freud geschriebenen Satz: »Sie wissen es nicht, aber sie tun es.« Die bloß ökonomistisch und mechanistisch geschulten Funktionäre haben damit nichts anzufangen gewußt und sie hatten als Leute, die gerade den Krieg durchgestanden hatten, natürlich auch noch kein weitergehendes Studium betrieben.

Mit dem heute noch in hoher Parteifunktion befindlichen Kurt Hager, einem persönlich sehr integren und sympathischen Menschen, aber einem extremen Stalinisten in seiner politischen Gesinnung, hatte ich ein ähnliches Erlebnis, als wir linken und linksliberalen Professoren einmal für einen ganzen Sommer in die Karl-Marx-Hochschule in Zehlendorf bei Berlin geladen wurden – bei gutem Essen und komfortabler Unterkunft, aber natürlich mit dem Zweck, uns zu »schulen«, uns »auf Linie« zu bringen. Aber sowas konnte man mit dem Kofler nicht machen. In einer der Diskussionen fiel der Begriff der »Totalität«, den ich als Eckstein der Dialektik und des Marxismus verteidigte. Das brachte Hager in Rage, er sprang auf und widersprach mir heftig: »Das hat mit dem Marxismus überhaupt nichts zu tun, das ist ein Hegelscher Begriff, der nur theoretische und ideologische Verwirrung stiftet« usw. Ich habe erst ein bißchen zurückgebrüllt – ich habe auch ein etwas cholerisches Temperament. Aber dann habe ich etwas Einfaches gemacht. Ich ging auf mein Zimmer, das direkt über dem Seminarsaal lag, und brachte Marx' »Zur Kritik der Politischen Ökonomie«, die ich gerade studiert hatte, mit herunter. Ich hatte alle Stellen, an denen Marx den Begriff »Totalität« benutzte, unterstrichen – er fällt allein im Vorwort mehrfach – und trug diese Zitate als Beleg für meine Ansicht vor. Hager war ganz »platt« und widerlegt, aber er war nicht der Mensch, der solches auf sich beruhen läßt. Er hat sich bei der Partei beschwert, daß ich das Semester störe, eine schädliche Atmosphäre stifte, einen idealistischen Marxismus vertrete und so fort. Die Partei hat sich dann an den sowjetischen Major Gesin gewandt, der die Parteischule formell leitete, sich aber gänzlich zurückgehalten hatte. Der kam dann eines Tages beim Essen an meinen Tisch und fragte ganz freundlich nach meinem Wohlbefinden. Als ich mich bedankte und die Frage zurück gab, antwortete er: »Schlecht, es geht schlecht, aber Sie fahren schön nach Halle und studieren. Sie brauchen nicht hier zu bleiben.« »Danke, Major«, habe ich gesagt, »etwas Besseres können Sie mir nicht wünschen«, und habe am Nachmittag meine Koffer gepackt und bin abgereist. Ich habe das nicht nur einmal erlebt, daß sowjetische Funktionäre und Militärs, intelligent und vorzüglich ausgebildet, mich verstanden und geschützt haben. Es gibt sie auch heute noch in der Sowjetunion und dies ist ein Stück der Zukunft, auf die wir hoffen dürfen.

Ist Ihnen nicht schon vorgehalten worden, daß Sie hätten wissen müssen, in welches politische Klima Sie in Halle hineingeraten?

Nein, niemals. Und ich habe es auch nicht gewußt, im Gegenteil, ich hatte die Vorstellung, daß sich nach dem Krieg eine offene, reformerische kommunistische Partei herausbildet. Und es hat selbst in der SBZ längere Zeit gedauert, bis ich die Repression spürte, sie hat sich allmählich entwickelt. Ich wurde von Anfang an in den Vorlesungen bespitzelt; der Hauptspitzel war zugleich mein persönlicher Assistent. Mir wurde »Idealismus« vorgeworfen. Meine Vorlesungen wurden 1950 schließlich verboten. Die Ereignisse haben sich in wenigen Wochen damals sehr zugespitzt. Der Höhepunkt war eine öffentliche Diskussion über mich vor mehreren Tausend Studenten, zu der ich unter dem Vorwand, ich sei nicht Parteimitglied – denn ich war wie bereits gesagt, inzwischen wieder ausgetreten – nicht zugelassen wurde. Es war übrigens die Zeit, in der die UdSSR mit Jugoslawien brach und die entsprechende politische Stimmung in der DDR hat gleichfalls zu dieser Zuspitzung beigetragen.

Es war eine höchst unangenehme, nervenaufreibende Zeit. Ich war äußerst gereizt, sah nicht mehr klar und lief sozusagen ins Feuer. Darauf warteten meine Feinde nur, um mich endgültig »abzuschießen«. Als dann zum erstenmal im Zusammenhang mit meinem Namen in der Presse das Wort »Trotzkist« erschien, wußte ich: Jetzt mußt Du weg. Ich habe auch nicht lange überlegt, ob die Bundesrepublik für mich ein geeigneter Zufluchtsort wäre. Ich wollte bloß weg, und das schnell.

So haben Sie in der DDR eine große Enttäuschung erlebt?

Ja, ich bin mit größter Begeisterung damals von der Schweiz nach Halle gegangen und habe mich in den ersten Monaten außerordentlich wohl gefühlt, viel besser als in der Schweiz, wo ich genügend zu essen hatte, während das Leben in Halle zunächst voller Entbehrungen war. Aber ich habe mich sehr wohl gefühlt. Das war für mich die neue Heimat. Ich dachte: Hier hast Du endlich Sozialismus! Mein Traum schien erfüllt.

Es war aber damals Kalter Krieg.

Davon haben wir wenig erfahren. Selbst in der Karl-Marx-Hochschule, zu der Zeit, als wir von nächster Nähe die amerikanische Luftbrücke beobachten konnten, haben wir das nicht so richtig verstanden, und es wurde auch wenig darüber geredet. Wir kannten weder den Konflikt genau noch wußten wir, wie vorherrschend dieses politische Problem bereits war. Das ist auch einer der Gründe für meine politische Ahnungslosigkeit, als ich in die Bundesrepublik kam.

Etwas ist unklar: Die SED-Genossen in der Kulturbehörde und im Parteiapparat, die mit Ihnen befaßt waren, machen Sie erst zu dem, was Sie in Halle waren, schließlich zum Universitätsprofessor – und zwar in Kenntnis dessen, was Sie theoretisch vertreten, denn der »Warynski« und die »Geschichte der bürgerlichen Gesellschaft« waren ja bekannt. Und dennoch tritt dann wenige Jahre danach ein Konflikt auf, der letztlich zum theoretisch-politischen Zerwürfnis geführt hat...

Nein, diejenigen, die zuerst mit mir zu tun hatten, waren Kulturleute mit ausgesprochen humanistischer, z. T. auch mit literaturtheoretischer Bildung. Einige kannten sogar Texte von Lukács, obwohl sie ihn, eher instinktiv, ablehnten. Hinterher hatte ich es mit reinen Parteibürokraten zu tun, für die ich nur ein Störenfried war. Sicher, ich bin ein naiver Mensch und halte mich keineswegs für ein Genie. Und vielleicht ist es heute schwer, sich vorzustellen, daß ich mich so wohl gefühlt habe, dem Kapitalismus, den ich haßte, entronnen zu sein, daß ich blind geworden bin gegen manches, was um mich herum vorgegangen ist. Ich habe auch die Behandlung, die mir angetan wurde, nicht recht verstanden. Daß ich in den Kapitalismus zurück mußte, war eine sehr enttäuschende Wende in meinem Leben.

Haben Sie denn diese bürokratischen Seiten des Stalinismus auch im Alltag bemerkt?

Was mich damals maßlos geärgert hat, das waren die an jeder Ecke aufgestellten Stalin-Bilder und die allgegenwärtigen dogmatisch-dummdreisten Parolen. Ich konnte beobachten, wie sehr sich die Wirkung dieses Personenkults und der Propaganda von dem unterschied, was man sich damit erhoffte. Die

Parteibürokraten hatten eine völlig falsche Vorstellung davon, wie das alles von der Bevölkerung aufgenommen wird. Die fühlte sich abgestoßen und machte sich, sobald man Gelegenheit dazu fand und unter sich war, lustig darüber. Ich habe das auch in meinen Vorlesungen gesagt und in diesem Zusammenhang den Bürokratismus der Partei kritisiert.

Der Bürokratismus hat auch sinnvolle Politik zunichte gemacht. Ich erinnere mich, daß in Halle plötzlich Büros der »Nationalen Front« eröffnet wurden und die Bevölkerung aufgerufen wurde, in diesen Büros offen und frei ihre Beschwerden oder Anregungen vorzubringen. Das war eine sehr gute Einrichtung und eigentlich eine erstaunlich demokratische Sache. Das Verblüffende war: die Leute kamen nicht. In den Büros saßen die von der Partei geschulten Leute und warteten – aber wenn mal ein oder zwei am Tag gekommen sind, dann waren das schon viele. Durch die Schuld der Bürokratie war das Mißtrauen gegen den Stalinismus bereits so entwickelt, daß die Bevölkerung sich für eine politische Teilnahme nicht mehr interessierte. Ähnliches erlebte ich bei größeren Veranstaltungen, deren Teilnahme z. B. mit der Zuteilung eines zusätzlichen Zentners Kohlen belohnt werden sollte. Es kamen dennoch ganz wenige. Ich erinnere mich an ein altes Ehepaar. Ja, sagte ich, was wollt ihr denn hier? »Wir haben gehört, es gibt hier Kohlen.« Das war alles. Die SED hat also effektiv durch die Art ihrer politischen Arbeit eine Aversion gegen sich selbst erzeugt, die schließlich maßlose Formen angenommen hat. Wenn man dazu bedenkt, daß die Partei es mit einem vom Faschismus mitgeprägten Bewußtsein in der Bevölkerung zu tun hatte, dessen Spuren ja erst hätten beseitigt werden müssen, dann kann man die historische Dimension des Versagens der SED halbwegs ermessen. Dabei gab es eigentlich ein breites Parteileben. Aber es erzeugte zu wenig Bindung, es zog nicht an, weil man alles falsch anpackte.

Es gab übrigens auch Gegenbeispiele, z. B. von den Sowjets, die ja Besatzungsmacht waren. Wenn die sowjetischen Soldaten im Sommer auf einer großen Wiese ihre Gesänge, ihre Tänze und akrobatischen Kunststücke, die erstaunlichsten

Dinge, vorführten, dann kamen Tausende. Das habe ich in meinem Leben noch nie vorher gesehen und werde es nicht wieder sehen. Tausende kamen, waren begeistert, hörten nicht auf zu applaudieren. Und wie viele haben wie ich gedacht: Warum bleibt ihr nicht dabei? Das ist der erste Schritt, das andere kommt nachher – in dieser Symbolik, in dieser Sprache kommt ihr viel besser an die Leute heran als mit den trockenen, zudem falschen Ideologien. Später dann wollten die Leute auch das nicht mehr sehen und nicht hören, weil man sie in allen anderen Bereichen zu lange falsch behandelt hatte.

Zum Ende des Konflikts mit der SED hat Rugard Gropp Sie in der theoretischen Zeitschrift der SED, »Einheit«, unter dem Titel »Kofler – ein ideologischer Schädling« scharf angegriffen. Sie sind dort als simpler Spießbürger und Idealist »entlarvt« worden . . .

. . . was übrigens gleich zweierlei zeigt: Erstens die menschenverachtende Sprache aus dem Tierreich; »Schädling« ist ein Kartoffelkäfer oder sonstige Viecher, aber kein Mensch. Zweitens die theoretische Ahnungslosigkeit, die bewirkte, daß Gropp ein von mir im »Warynski« gegen Max Adler gerichtetes Argument als meine eigene Auffassung mißverstand und mich dummdreist verleumdete. Nach dem Verbot meiner Vorlesungen und der Weisung an die Studenten, jeden Kontakt mit mir abzubrechen, bekam einer meiner ehemaligen Lehrer und Freunde aus Wien, Leo Stern, der als Freiwilliger und Offizier in der russischen Armee gedient hatte, meinen Lehrstuhl; ein Unikum, daß der Lehrer in die Fußstapfen seines Schülers tritt!

Das Elaborat läuft darauf hinaus, Sie in eine Reihe mit allen imperialistischen, trotzkistischen Sowjetfeinden zu stellen. Nun ist bekannt, daß der organisierte Trotzkismus zu den schärfsten Kritikern der Stalinisierung gehörte. Haben Sie Berührungspunkte mit dem Trotzkismus?

Zunächst zur Unterscheidung: Wir reden jetzt vom wirklichen

Trotzkismus als Strömung der internationalen Arbeiterbewegung und nicht vom Gebrauch, den die Bürokratie mit diesem Begriff zwecks Verleumdung und Zerstörung ihrer vermeintlichen oder tatsächlichen Gegner gemacht hat. Ich selber war niemals Trotzkist und habe mich mit Trotzki nur in einer Hinsicht beschäftigt, nämlich bezüglich seiner Art, den Stalinismus zu kritisieren. Nun ist Kritik am Stalinismus nichts Typisches für den Trotzkismus; sogar von liberal-bürgerlicher, sogar kommunistischer Seite wird der Stalinismus in der Absicht der Objektivität und nicht aus bloßem Haß kritisiert. Ich selbst habe zwei Hauptthesen des Trotzkismus seit jeher scharf abgelehnt und konnte schon deshalb kein Trotzkist sein. Die erste ist, daß der Sozialismus »in einem Lande« nicht möglich ist. Heute wissen wir, wenn Vietnam sich gegen die französische und amerikanische Übermacht halten konnte, dann kann sich erst recht die riesige SU gegen kriegerische Überfälle schützen. Und zweitens die trotzkistische These, daß eine antistalinistische Veränderung in der SU nur möglich ist mit Hilfe einer Volksrevolution. Ich hielt und halte diese These für sehr gefährlich, weil ich seit jeher davon überzeugt bin, daß ein Aufstand in der Sowjetunion nur ein Resultat haben kann: das Ende des sozialistischen Experiments überhaupt. Schon wegen dieser beiden Hauptpunkte bin ich in keiner Weise mit den Trotzkisten in Verbindung zu bringen, und damit war die Frage des Trotzkismus für mich im Grundsatz geklärt. Übrigens halte ich den Trotzkismus heute noch für mehr überschätzt als damals, denn die reale Tendenz in der Sowjetunion hat sich positiv weiterentwickelt und ist weit entfernt von der Perspektive, die die trotzkistische Kritik ursprünglich ins Auge gefaßt hat. Die Waffe der Kritik wird stumpf, wenn sie sich nach einem Bild von gestern statt nach der modernen Realität ausrichtet. Deshalb bin ich ganz ruhig geblieben als mich kürzlich trotzkistische Freunde fragten: »Kofler, Du hast Dich so geändert, wie redest Du über die Sowjetunion, über Gorbatschow!« Ich habe geantwortet: Nicht ich habe mich geändert, sondern die Sowjetunion, und deshalb kann ich heute nicht an ihr kritisieren, was auf ihre Vorgänger zutraf. Also, wissen Sie, der

Trotzkismus ist nicht nur veraltet, sondern hat auch niemals recht gehabt, wenn man von der Kritik am Stalinismus absieht.

Was hätten Sie machen müssen, um Frieden mit der SED zu schließen? Was hätte man von Ihnen erwartet?

Ich hätte theoretisch und politisch etwas anderes sagen und schreiben müssen als das, wovon ich überzeugt bin; oder dort schweigen, wo ich meinte, unbedingt reden zu müssen.

Haben Sie in dieser Zeit noch etwas zu Papier gebracht?

Ich habe »Geschichte und Dialektik« geschrieben, was aber damals nicht mehr veröffentlicht wurde. Ich war in einer schweren Krise, und meine Frau hat das Manuskript, damit es nicht verloren geht, wochenlang Seite für Seite mit der Hand abgeschrieben.

Haben Sie Ihre Frau in der DDR kennengelernt?

Ja. Ich habe meine Frau, die Lehrerin war, kennengelernt als Ausbilderin marxistischer Theorie an einem Lehrerinstitut. Sie hungerte, und da ich sie mit einem Butterbrot und zwei Eiern bestechen konnte, war es leicht für mich, bei ihr Erfolg zu haben. So, jedenfalls, würde die platt materialistische Erklärung dieses Vorgangs lauten. Und da Sie gerade schmunzeln: An dem Abend, an dem ich aus der DDR nach West-Berlin geflohen bin, mußte meine Frau an der Schule ein Referat halten. Ich bin von Halle nach Berlin gefahren, und sie sollte mit einem bestimmten Nachtzug nachkommen. Aber den hätte sie verpaßt, wenn nicht die SED-Genossen aus Begeisterung über ihr Referat sie mit dem Auto nach Hause gebracht hätten. Und dieses Referat hat meine Frau in enger Zusammenarbeit mit mir erstellt . . . Das ist die einzig heitere Seite dieser Geschichte.

Warum sind Sie ausgerechnet in das Land geflohen, das damals die Speerspitze des kapitalistischen Westens war?

Mir blieb nichts anderes übrig. Es gab noch keine Mauer; die Grenze nach Berlin war zwar kontrolliert, aber noch offen.

Sie konnten also einfach rübergehen?

Nein, denn ich mußte ja erst von Halle nach Berlin kommen. Wenn man mich im Zug erkannt hätte, hätte man mich herausgeholt. Aber ich habe Glück gehabt, man hat auch meine Koffer nicht kontrolliert, sondern nur Stichproben gemacht. In Berlin habe ich auf dem Bahnsteig einen Gepäckträger gerufen, den ich bat, mein Gepäck in eine bestimmte Straße zu tragen, weil ich schwach auf den Beinen sei. Diese Straße hatte ich mir vorher ausgesucht, sie lag im Westen der Stadt. Ich wußte also: Wenn der Gepäckträger mich in diese Straße führt, bin ich in West-Berlin und aus dem Gröbsten raus. Ich habe irgendwo ein Zimmer genommen und tatsächlich vor Erschöpfung 24 Stunden geschlafen, bis meine Frau am nächsten Abend nachgekommen war. Es war die eigentliche Tragödie meines Lebens, die sich da abgespielt und mich so erschöpft hat, weil ich nur schweren Herzens den Sozialismus verlassen habe.

Anschließend habe ich mich und meine Frau mit Gelegenheitsarbeiten durchgeschlagen. Ich hatte auch andere Offerten: Einmal bin ich von Engländern in ein Villenviertel in Berlin eingeladen worden. Meine Frau hat mich begleitet, und da wir formell noch nicht verheiratet waren und ich dachte, es würde nicht lange dauern, hat sie vor der betreffenden Villa gewartet. Drinnen war ein großer Saal festlich gedeckt, zu meinen Ehren offensichtlich. Und dann begann beim mehrgängigen Essen der small-talk: Wissen Sie, Herr Kofler, Sie haben ja allerhand veröffentlicht; Sie sollten weiter wissenschaftlich arbeiten. Wir sind gerne bereit, Ihnen dabei behilflich zu sein. Wir würden Ihnen gerne in Berlin eine Villa zur Verfügung stellen, und wenn das nötig sein sollte, auch einen Wagen. Und

so nahmen die Angebote und Verlockungen kein Ende. Da ich naiv bin, hat es Stunden gedauert, währenddessen meine Frau in der Kälte draußen wartete – aber ich traute mich nicht, etwas zu sagen –, bis ich gemerkt habe, was sie eigentlich wollten. Als der Groschen bei mir gefallen war, habe ich gesagt: Entschuldigen Sie, meine Herren, Sie dürfen nicht vergessen, daß ich Marxist bin. Und da sind sie plötzlich hellhörig geworden, der Ton hat sich geändert, obwohl alles ganz freundlich blieb, aber nun sprach man über ganz nebensächliche Dinge und fuhr mich schließlich – mit meiner Frau – nach Hause. Ihr Interesse an mir war erloschen.

Was war der Grund dafür, daß Sie von Berlin nach Hamburg und nicht direkt nach Köln gegangen sind?

Es gab eine Stelle in Berlin, die sich mit den politischen Flüchtlingen aus der DDR beschäftigte. Da mußte man auch wegen

Essenskarten oder anderer Versorgungsumstände hin. Dort wurden deshalb auch die Anträge für Fahrkarten in den Westen gestellt, und die bekam man nur nach Hamburg.

Sie waren völlig mittellos?

Ja. Wir lebten vom Verkauf einiger Sachen, die wir mitgebracht hatten, auch Teile aus meiner Bücherkiste, und von öffentlichen Unterstützungen. Es hat auch lange gedauert, bis wir die Fahrkarte in den Westen bekamen, denn erst war der geschilderte Versuch, mich umzudrehen, ein Hindernis, dann hat man mir andere Schwierigkeiten gemacht; aber schließlich ließ man mich ziehen, denn sie wußten wohl nicht, was sie mit mir in Berlin anfangen sollten. Wir haben die Karte nach Hamburg bekommen, hatten aber Verbindung zu Bekannten in Köln, die uns angeboten haben, einige Zeit bei Ihnen zu wohnen; deshalb sind wir nach Köln weitergereist.

Sie sind nach Westdeutschland gefahren ohne genauere Kenntnisse der politischen Situation, die Sie erwartet?

Wenn ich die Zeitung las, verstand ich sie nicht. Ich war relativ unbedarft gegenüber den Zuständen, dem Bewußtsein, der Mentalität in Westdeutschland. Ich mußte mich allmählich eingewöhnen, erlernen, erhorchen. Die erste kulturelle Erfahrung in Köln war der Karneval. Da haben wir unsere letzten 20.– Mark ausgegeben und mitgemacht – meine Frau war jung und eine leidenschaftliche Tänzerin. Ich kann mich erinnern, wie um mich herum geschunkelt und gesungen wurde, und ich dasaß und nicht mitmachen wollte, weil es mir fremd war . . .

Wir hatten in Köln mit Müh' und Not ein schreckliches Zimmerchen gefunden. Köln war zertrümmert, es war bitterkalt und schneite, meine Frau war sehr traurig. Ich erinnere mich, daß ich eines abends meiner Frau vorschlug: Komm, wir gehen durch den Schnee; es bringt Glück, wenn man in frischem Schnee die ersten Fußtapfen macht! Und dann sahen wir bei diesem Spaziergang in der Nacht unter grauem Himmel über die Trümmer hinweg die hoch aufragenden Türme des Doms; und wir gingen hin und gerieten in eine Nachtmesse, und ich habe meiner Frau schlecht und recht die Gewänder, die Personen und den Ritus erklärt, weil sie das alles nicht kannte. Sie verwechselte z. B. den Meßdiener mit dem Priester. In der Kirche hat mich ein Mann erkannt, der in Halle bei mir studiert hatte. Er wollte auf mich zukommen, aber bei dem Gedränge am Ausgang hat er mich aus den Augen verloren. In der Nacht ist er dann von Polizeirevier zu Polizeirevier gelaufen, um herauszubekommen, wo ich wohne, und stand dann am Morgen völlig übernächtigt vor unserer Tür. Er fragte mich, wie es uns geht, und ich antwortete nur: Sie sehen ja, wie es hier ist. Und dann hat er über einen Freund, der ein altes Haus auf dem Brüsseler Platz geerbt hatte, uns im fünften Stock, wo die Waschkammer war, eine neue Bleibe besorgt, in der wir vier Jahre wohnten. Es war erträglicher, obwohl ich mich erinnere, wie erschrocken Frank Benseler vom Luchterhand Verlag war, als er mich wegen eines Manuskripts besuchte und unsere Behausung erblickte, in der es im Sommer auf 40° kam und im Winter die Wände naß wurden. Es war eine lange Zeit mal großer, mal gerade erträglicher Not; über zehn Jahre hinweg haben wir materiell von der Hand in den Mund und alles andere als komfortabel gelebt.

Hätte es für Sie nicht die Alternative gegeben, nach Wien zurückzukehren?

Nein, das war für mich völlig ausgeschlossen; die Universität Wien war seit jeher fest in katholischen Händen, ich hätte mit meiner Tradition keine Chance gehabt. Ich wurde in Köln natürlich auch vom Verfassungsschutz vorgeladen. Sie wollten alles Mögliche von mir wissen, bekamen aber nicht die Auskünfte, die sie erwarteten. Ich habe mich immer als Marxist deklariert und als Sozialist verhalten und von diesen Überzeugungspositionen meine Aussagen gemacht. Das behagte ihnen nicht sehr, was für mich den Vorzug hatte, daß sie ihre Bemühungen, mich »umzudrehen«, mich gegen den Sozialismus zu benutzen, aufgaben. Immerhin, so lange dies dauerte, war ich als Ausländer von Ausweisung nicht bedroht, weil es ja immer noch denkbar gewesen wäre, daß man mich hätte »brauchen« können. Mich suchte dann ein Herr Baumeister auf, der mit dem Verlag Kiepenheuer und Witsch zusammenarbeitete. Er forderte mich auf, eine kritische Schrift über den Stalinismus zu verfassen, und so entstand die Arbeit »Stalinismus und Bürokratie« und drei kleinere Broschüren zum Umkreis dieses Themas. Davon lebte ich zunächst eine Zeitlang. Mein Versuch, Rente als Verfolgter des NS-Regimes zu erhalten, scheiterte völlig, aber immerhin bekam ich ein halbes Jahr lang monatliche Vorschüsse von etwa DM 300.–.

Ich befand mich in einer sehr schwierigen Situation. Die Volkshochschulen haben sich mir z. T. geöffnet; mit Hilfe des späteren Ministerpräsidenten von NRW, Heinz Kühn, konnte ich auch an der Sozialakademie in Dortmund einen Lehrauftrag wahrnehmen. Etwas später lief über Heinz Brakemeier und seine Genossen der Versuch, mich an der Frankfurter Universität unterzubringen; dieser Versuch ist an der Intervention Adornos gescheitert. Man hat davon gesprochen, daß Adorno jeden marxistischen Wissenschaftler an seiner Seite fürchtete, der ihm hätte Konkurrenz machen können. Also, viel habe ich nicht erreicht. Allerdings habe ich außer dem erwähnten Lehrauftrag an der Dortmunder Sozialakademie einige Zeit später und dann durch sechs Jahre an der Kölner Kunsthochschule über Ästhetik doziert. Vorher mußte ich vor versammelter Studentenschaft und in Anwesenheit einiger Professoren einen Probevortrag halten, da man mir aufs äußerste mißtraute, wie mir Vertreter des Studentenausschusses vertraulich mitteilten. Ich habe mich gut vorbereitet, anderthalb Stunden völlig frei über das Thema »Ästhetik und Anthropologie« gesprochen; die begeisterte Akklamation der Anwesenden sicherte mir den schlecht honorierten Auftrag. Aber angesichts der Tatsache, daß selbst Volkshochschulen sich weigerten, mich zu beschäftigen (z. B. Leverkusen, Düsseldorf, Bonn), konnte ich mir in bezug auf Universitäten nicht viel Hoffnung machen. Doch der SDS, die Gewerkschaften und andere verwandte Organisationen haben mich oft eingeladen, und so bin ich auch viel auf Vortragsreisen unterwegs gewesen. Meine Bücher habe ich überwiegend unterwegs geschrieben und zu Hause in die Maschine gebracht.

Haben denn diese Schwierigkeiten nicht behindernd und beschränkend auf Ihre theoretische Arbeit zurückgewirkt?

Schwierig war meine Lebenssituation durchaus: Das dauernde Raufen um ein paar Mark, das Herumreisen, das sehr anstrengend war. Auf meine wissenschaftliche Arbeit hatte das eigentlich keinen negativen Einfluß, höchstens den, daß ich mich immer gedrängt fühlte, rasch mit etwas fertig zu werden; ich glaube, ich habe damals das eine oder andere zu rasch zu Ende gebracht. Ich habe mir aber, um das positiv zu betrachten, immer das Bewußtsein bewahrt, daß politische und sozialtheoretische Bücher für eine bestimmte Situation geschrieben sind und an Wert verlieren, wenn sie nicht rechtzeitig auf den Markt kommen. Und ich kann mich an keine einzige Arbeit erinnern, die von den Verlagen zurückgewiesen worden wäre. Da es kapitalistische Verlage waren, vermute ich: man konnte mit meinen Büchern auch befriedigende Geschäfte machen. Was will ein freier Schriftsteller mehr?

Die Schwierigkeiten, in der Bundesrepublik Fuß zu fassen, werden zum Teil auch damit zu tun gehabt haben, daß ich als Austromarxist nicht ganz den hiesigen Erwartungen entsprach, sowohl hinsichtlich des Stils als auch der Thematik. Später hätte ich mich in die Studentenbewegung gerne mehr eingemischt, als ich es getan habe, aber ich war als Ausländer beständig gefährdet und wollte nicht riskieren, des Landes verwiesen zu werden. Diese Gefahr war nicht gering, wie ich aus zuverlässigen Quellen rechtzeitig erfahren habe. So blieben mir hauptsächlich die relativ zahlreichen linken Zeitschriften der damaligen Zeit, die sich immer wieder an mich wandten und um meine Mitarbeit baten. Dazu gehörten aber erstaunlicherweise auch die bedeutenden bürgerlichen »Deutsche Universitätszeitung« und »Schmollers Jahrbuch«. Mir fehlte allerdings die

Absicht und die Fähigkeit, mit großer Treffsicherheit genau jene praktisch-politischen Themen der 60er Jahre in Zeitschriftenaufsätzen aufzugreifen, nach denen der Markt gerade verlangte (worin Habermas damals Meister war). Es war nicht nur meine Zurückhaltung wegen meiner österreichischen Staatsbürgerschaft, sondern auch meine bis heute fehlende Neigung, mich in praktisch-politische Scharmützel zu begeben; in dieser Hinsicht bin ich ein sehr traditioneller Theoretiker und muß die Kritik an diesem Manko in Kauf nehmen.

In den Ruhr-Nachrichten 1962 gibt es eine Spalte mit dem Titel »Argus-Holzauge«, in der eines Tages zu lesen war: »Ist es wirklich so, daß bei uns in Dortmund die Links-Ultras eine Art Narrenfreiheit genießen? Apropos Narren. Stieß der Argus beim Durchblättern des Vortragskalenders der Dortmunder Volkshochschule auf das für den 23. November angezeigte Thema ›über den Karneval und seine Bedeutung‹. Das Thema betreut ein gewisser Prof. Dr. Leo Kofler, der in diesem Trimester für würdig erachtet worden ist, gleich zwei Vortragsreihen an der Volkshochschule zu halten. Argus, dem Karneval alles andere als abhold, interessierte sich nun für den vorgenannten Narrenweisheitsverbreiter am Volkshochschulkatheder und stieß dabei auf gar absonderliche Dinge. Nicht nur, daß besagter Professor Kofler beim Einwohnermeldeamt in seiner angeblichen Heimatstadt Köln überhaupt nicht registriert ist. Da gibt es andererseits Leute, die Stein und Bein darauf schwören, den Herrn Kofler sehr gut unter dem Namen ›Warynski‹ zu kennen; und überdies als einen in der Wolle gefärbten Ostideologen, der ihres Wissens Ehrendoktorhut und Professorentitel seinen in der Zone attestierten Verdiensten um die marxistische Gesellschaft verdanke. Nun: Nicht Genaues weiß man nicht. Wer es eigentlich wissen müßte, Dortmunds Kulturamtsleiter und Volkshochschulmeister, wäre es nicht gut, wenn er das Geheimnis um seinen Dozenten lüften würde.« Soweit das Zitat aus der Ruhr-Zeitung von 1962. Es belegt eine eindeutige politische Denunziation gegen Ihre Person, die dem antikommunistischen Klima dieser Zeit entspricht. Erinnern Sie sich daran?

Aber ja. Es gab wegen dieser Angelegenheit sogar eine Anzeige gegen mich beim Gemeinderat in Dortmund. Da aber Dr. Alfons Spielhoff, der Leiter der Volkshochschule und späterer Kulturdezernent, zugleich einen Sitz im Gemeinderat hatte, konnte er diese Attacke abwehren. Als in der betreffenden Sitzung des Gemeinderats meine Beschäftigung an der Volkshochschule heftig kritisiert wurde, hat er geantwortet: Das Jahr hat 365 Tage, Kofler kommt dreimal im Jahr à 10 Abende zu uns, das sind 30 Tage im Jahr, kann er damit Schaden anrichten? Irgendwie ist in der Folge die Denunziation niedergeschlagen worden. Ich bin später zum Einwohnermeldeamt gegangen, habe den Artikel vorgelegt und gefragt: Ich bin Kofler, kennen Sie einen Warynski? Dann sind die ins Hinterzimmer gegangen und haben fast eine Stunde beraten und telefoniert, ich nehme an mit dem Verfassungsschutz. Dann kamen sie heraus und sagten: Alles in Ordnung, das muß berichtigt werden.

Nun war das keine Denuziation von irgendeinem Dummkopf, sondern symptomatisch für die geistige und politische Situation dieser Zeit. Es ist immer noch erstaunlich, wie gering das historische Wissen und Bewußtsein über die Frühphase der Bundesrepublik ist. Man kennt zwar noch Begriffe wie Restauration und Remilitarisierung, man weiß z. T. noch, daß die KPD 1956 verboten wurde. Was sich aber in der politischen alltäglichen Praxis abgespielt hat, wissen die meisten nicht, und wenn man es andeutet, ist es für die meisten unvorstellbar.

Bereits das erste Strafrechtsänderungsgesetz von 1951 stellte eine Reihe von demokratischen Rechten bzw. Handlungsweisen unter Strafandrohung. In den 50er Jahren hat es Verfahren vor dem Bundesgericht gegeben, ob das Tragen einer roten Nelke am 1. Mai verfassungswidrig sei. Schon vor der KPD wurde ihre Jugendorganisation FDJ verboten und einer, der als Kontaktadresse zur Vorbereitung des Pfingsttreffens der FDJ in Berlin gedient hatte, fand sich vor dem Bundesgerichtshof wieder mit einer Anklage wegen Beihilfe zur Geheimbündelei in verfassungsverräterischer Absicht. Etliche hundert Schüler in der Bundesrepublik wurden von den Schulen relegiert, nicht weil sie einer kommunistischen Organisation angehörten oder sich der Verbreitung linker Ideen schuldig gemacht hätten, sondern z. B. deshalb, weil sie aus Anlaß eines Schulaufsatzes mit dem Thema »Das geteilte Deutschland« die Stirn hatten, auch beim Magistrat von Ost-Berlin um Informationsmaterial nachzusuchen; oder weil sie sich an den Schulfeierlichkeiten zum 17. Juni nicht beteiligen wollten. Viele erhielten schon eine Vorlage von der Politischen Polizei, wenn sie irgendwelche Publikationen aus der DDR empfingen. Mit dem Verbot der KPD 1956 wurde die Verfolgung für einige Zeit noch massiver, der Kommunisten insbesondere, aber nicht nur. Insgesamt kann man heute davon ausgehen, daß 6–7000 Menschen, die mit der KPD in Zusammenhang gebracht wurden, mit den Gefängnissen des Adenauer-Deutschland Bekanntschaft schließen mußten, Menschen, die zum größeren Teil bereits in den Gefängnissen, Kellern und Konzentrationslagern der Nazis gequält worden waren.

Mich haben diese Konflikte nur in einer Hinsicht betroffen: Man hat mir von Anfang an deutlich gemacht, daß mein Verbleiben als Ausländer in der Bundesrepublik daran geknüpft ist, daß ich auf politische Tätigkeit verzichte. Ich dürfe mich in die inneren Angelegenheiten des Gastlandes, der Bundesrepublik Deutschland, nicht einmischen. Ich habe mich insofern daran gehalten, als ich an Demonstrationen nicht teilnahm und mich praktisch-politischen Engagements enthielt. Wenn ich ehrlich bin, kam mir das insofern entgegen, als ich mich gerne mehr auf die Theorie konzentriere. Ich erinnere mich, daß eine Zeitlang die Gefahr bestand, die Verbreitung des Marxismus unter Strafe zu stellen; das hätte meine Existenz angegriffen. Glücklicherweise ging das vorüber und die übrige Repression hat mich nicht betroffen. So habe ich »nicht links noch rechts« geguckt und unbeirrt gelehrt und geschrieben, was ich zu sagen hatte.

Sind Sie denn nicht im Zusammenhang mit Victor Agartz direkt wegen landesverräterischer Beziehungen angeklagt worden?

Nein, davon ist mir nichts bekannt. Ich war in dem Prozeß gegen Agartz als Zeuge geladen, wurde aber nicht gehört, ich weiß nicht, warum. Es kann sein, daß einige Artikel, die ich in der »Wirtschafts- und Sozialwissenschaftlichen Korrespondenz« geschrieben habe, anonym erschienen sind und dann später Agartz im Prozeß zur Last gelegt wurden.

Sie kannten Agartz gut?

Ich war mit ihm gut befreundet. Agartz war ein Genie. Er war, obgleich Arbeitersohn, ein wohlhabender Mann; hatte ein eigenes Haus am Rande der Stadt, ein eigenes Auto mit Chauffeur, eine Sekretärin usw. – und war zugleich ein marxistisch bestens geschulter, radikaler Linker, vor allem ein glänzender Kenner und Kritiker der Gewerkschaftsbewegung.

Wie haben Sie ihn kennengelernt?

Er war Funktionär des DGB und hat, wenn ich mich recht erinnere, eine Rezension über eines meiner Bücher geschrieben. Das hat mich bewogen, ihn in seinem Stadtbüro aufzusuchen. Daraus ist eine sehr vertraute Zusammenarbeit geworden. Ich habe regelmäßig für seine Korrespondenz Artikel geschrieben, die er – im Unterschied zu anderen – nicht mehr korrigierte, sondern gleich an den Setzer weitergab. Nüchtern betrachtet, wußte Agartz natürlich, daß meine Zusammenarbeit unproblematisch war, weil ich von praktischen Gewerkschaftsfragen wenig verstand und ihm deshalb sowieso nicht reinreden würde. Ich war ihm eine Hilfe mit meinen Artikeln, und das lief reibungslos.

Dann haben Sie die Auseinandersetzung des DGB mit ihm erlebt?

Was heißt Auseinandersetzung, es ging gegen ihn als Person, es waren weniger Auseinandersetzungen als Intrigen, man hat ihn hintenrum desavouiert, verleumdet und dann ausgeschaltet.

Hat Agartz Fehler gemacht?

Ich weiß nicht, Fehler? Was kann man denn als engagierter und überzeugter Gewerkschaftsfunktionär für Fehler machen? Er trat dafür ein, daß die Gewerkschaften wieder zum Marxismus zurückfinden – wenn das als Fehler angesehen werden soll, bitte! Von unserem Standpunkt aus ist das kein Fehler. Agartz war und ist Marxist geblieben und hat immer versucht, dem Marxismus zur Anerkennung innerhalb der Gewerkschaft zu verhelfen. Dagegen wurde Sturm gelaufen – und zwar ohne viel Rücksicht auf innergewerkschaftliche Demokratie.

Agartz hatte übrigens das Haus, von dem ich sprach, von den Amerikanern erhalten, von denen er anfänglich eingesetzt worden war, wie sich die Amerikaner damals häufig Linker bedient haben, um gegen den Nazismus vorzugehen. Und es ist typisch für den Charakter von Agartz, daß er sich trotz dieser Vorzugsbehandlung in der Besatzungszeit geweigert hat, mehr zu konsumieren, als er durch die Lebensmittelkarten zugeteilt bekam. Er war infolgedessen unterernährt und hat an einer Hungerkrankheit gelitten. Er hat merkwürdig ausgesehen, irgendwie ramponiert und faltig, aber in seinem Auftreten imponierend und in seinem Benehmen ein großer Herr. Man hat ihm nie angesehen, daß er ein Arbeitersohn war.

Sie haben für die Mitarbeit an der Agartzschen »Korrespondenz« Honorar bekommen?

Ja, 400.– Mark monatlich, und das war damals schon viel, es hat uns sehr geholfen. Die Zeitschrift wurde nicht nur vom DGB gestützt, sie lief auch gut. Man hat Agartz ja dann auch noch einen Strick knüpfen wollen, weil er ein Pauschalabonnement mit der DDR abgeschlossen haben soll, was nie ganz geklärt wurde. Aber wenn schon, dann hat er Ware geliefert und mehr nicht. Vom »Vorwärts« erzählte man sich damals auch, daß er sich über Wasser hielt, indem er Anzeigen akquirierte, von denen ein großer Teil nie in der Zeitung erschien.

Nachdem das Büro von Agartz geschlossen worden war, entfielen wahrscheinlich von heute auf morgen Ihre 400 Mark?

Ja, die waren weg. Es begann wieder eine Zeit des Durchschlagens . . .

Haben Sie sich jemals vorstellen können, Partei- oder Gewerkschaftsfunktionen zu übernehmen?

Nein, daran habe ich mein ganzes Leben lang nicht gedacht, auch heute nicht. Dafür bin ich wenig geeignet, wegen meiner theoretischen Interessen nicht, und wenn ich die weglasse, wegen der übrigen Neigungen nicht: Ich lebe gerne in den Tag hinein, ich studiere, diskutiere, lese, male sehr gerne – alles Dinge, zu der ein Funktionär zu wenig Zeit hat. Nebenbei singe ich sehr gerne, revolutionäre und Wanderlieder, ob gut, weiß ich nicht, aber meine Bekannten hören das gern; in einem kleinen Fernsehfilm über mich mußte ich auch singen. Das Persönliche abgezogen, verbinde ich damit eine politische Seite: Es ist ein großes Verhängnis, daß die Jugend der GRÜNEN, die linken Bewegungen überhaupt, nicht mehr singen, und wenn, modernistisch-verkorkst; als ich hörte, das Ernst Bloch einmal in der Vorlesung gesungen hat, habe ich das auch getan – die Studenten waren begeistert. Es fehlt heute ein emotional-tiefes Verhältnis zur Volkskunst, die großartigen sozialistischen Lieder sind vergessen, der gesamte Sektor der Symbolik ist unterentwickelt. Auf diese Weise ist die Ergriffenheit von der politischen Sache, das Engagement, eigentlich nicht tief genug, denn es bedarf sozusagen ebenso der Pflege wie die Zähne. Im Ergebnis: selbst die Demonstrationen sind langweilig.

Kann man sagen, daß mit Ihrem Wechsel in die Bundesrepublik auch Ihre theoretische Orientierung sich verändert hat? Haben Sie sich anderen Themen zugewandt?

Ja, insofern, als ich hier natürlich Gelegenheit hatte, Schichten, Klassen und – wie man heute sagt – Rollen kennenzulernen, die für mich neue Studienobjekte geworden sind. In dem kleinen Österreich waren die sozialen Strukturen nicht so klassisch ausgebildet und ich war obendrein viel zu jung; in der DDR standen ganz andere Probleme im Vordergrund. Die Bundesrepublik war für mich ein so gutes Studienobjekt wie für Karl Marx England mit seinem schon damals industrialisierten Proletariat. Ein hochkapitalistischer Staat, der nach dem Krieg sich hochgerappelt und eine immense Entwicklung durchgemacht hat, aber zugleich sozial, menschlich und kulturell immer tiefer und tiefer in die Krise gerät – obwohl man zu Ehren des Kapitalismus in der Bundesrepublik sagen muß, daß sein moralischer und kultureller Niedergang bei weitem nicht so krasse Formen wie in den USA angenommen hat.

An Ihren Publikationen in der Bundesrepublik kann man absehen, daß die manchmal von Ihnen vorgewiesene Kontemplativität des Theoretikers teilweise nur scheinbar ist. Sie beschäftigen sich hier explizit mit der Frage und dem Problem der Linken, wie die Gesellschaft zu interpretieren ist. Und Sie führen diese Frage auf den Begriff, ob die Bundesrepublik noch eine Klassengesellschaft ist und weiterhin mit dem Instrumentarium marxistischer Klassenanalyse interpretiert werden kann, woraus dann auch sozialistische Alternativen und Schlußfolgerungen sich ergeben, oder ob – wie es damals in der Soziologie hieß – wir es mit einer »nivellierten Mittelstandsgesellschaft« (H. Schelsky) einer pluralistischen Gesellschaft, einer formierten Demokratie und so weiter zu tun haben. Und das war eine ausgesprochen politische Fragestellung, weil z. B. auch die Auseinandersetzung in der Sozialdemokratie vor und nach Godesberg um diese Kontroverse zentriert war.

Ich stimme dem zu, genauso wie ich auch behaupten würde, daß keine meiner Schriften, weil sie um die Rekonstruktion der analytischen Kraft des Marxismus bemüht waren, in irgendeinem Sinn unpolitisch geblieben sind. Marxistische Theorie ist per definitionem nicht von rein theoretischer, sondern auch von praktischer Relevanz.

Dennoch möchte ich etwas Wasser in den Wein schütten. Denn bei allen Beiträgen, die marxistische Theoretiker zu der politischen Entwicklung in der Bundesrepublik geleistet haben mögen, muß man zweierlei eingestehen: Erstens war und ist der Einfluß auf die Sozialdemokratie begrenzt, eng begrenzt. Und zweitens hat sich die APO, diese kraftvolle linke Bewegung, nicht zu einer Partei konstituiert, wodurch die Theorie, wie Marx sagte, zur politischen Kraft hätte werden können. Die APO ist zerfallen: Eine Partei mit einer Zeitung, mit Verlagen, mit Schulungen, mit Lokalen und mit Kulturinstitutionen hätte die Bewegung retten und fortführen können. Diese Notwendigkeit einer organisierten Politik wurde in der APO unterschätzt, und der Grund dafür besteht in der für die APO einflußreichen Frankfurter Schule, die dafür nicht den geringsten Sinn gehabt hat. Das ist der heftigste politische Vorwurf, der in meinen Augen die Frankfurter Schule trifft – und übrigens auch heute noch viele ihrer Anhänger, wenn ich die Unentschiedenheit gegenüber der SPD und den Opportunismus, gegenüber den GRÜNEN usw. bei ihnen richtig interpretiere.

In diesem Zusammenhang können wir vielleicht resümieren, daß am Ende der 60er Jahre, ursprünglich wesentlich motiviert durch den Zustand an den deutschen Universitäten, sozusagen vier »Baustellen« des Marxismus aufgeschlagen waren und die kritischen Sozialwissenschaften und auch die Gewerkschaften und die SPD beeinflußten. Das war zum einen die Baustelle Charakter der spätkapitalistischen Gesellschaft, mit den Fragen der Klassenstruktur und der Einschätzung des politischen Systems. Da stand zweitens eine Baustelle, die begonnen hatte mit »das Kapital lesen«, mit der Wertformanalyse und Ableitungsproblemen, die schließlich übergingen in die Rekonstruktion der marxistischen Ökonomie im engeren Sinn. Die dritte Baustelle, die mehr den Eindruck einer ungesicherten Grube machte, war das Thema Marxismus und Psychoanalyse. Und die vierte Baustelle, auf denen heute stattliche Gebäude von Max Weber-Anhängern, z. B. der Bielefelder Schule, errichtet sind, war die Frage der praktischen Geschichtswissenschaften. In all diesen Sektoren waren Marxisten, zwar in kleiner Zahl, aber intensiv nicht nur vertreten, sondern haben die Themenbereiche auf den verschiedenen Stufen des Bildungssystems auch vorangebracht. Es sah also kurze Zeit so aus, als könne mit dieser marxistischen Grundlegung, die pluralistisch, ja vielfach heterogen war, doch ein Anstoß gegeben werden für eine theoretische und politische Erneuerung in der Arbeiterbewegung. Haben Sie das damals auch so empfunden und woran ist es gescheitert?

Ich habe das damals insofern empfunden, als ja selbst in und nach dem Godesberger Programm nicht geleugnet wurde, daß Marxisten Mitglieder der Sozialdemokratischen Partei seien, gleichberechtigt mit den anderen handeln können und gemeinsame Arbeitsmöglichkeiten haben. Das hat sich mit der Parteipraxis und den Jahren immer mehr ins Negative verändert. Ich hatte dann die Hoffnung, daß alle diejenigen, die – unter anderem auch durch meine Vorträge und Schriften – vom Marxismus »infiziert« waren, dies weitertragen, sei es als Mitglieder der Partei, sei es als Gewerkschaftsmitglieder, sei es als Hochschulangehörige. Und je weniger das in Partei und Gewerkschaft stattfand bzw. möglich war, umso bedeutender wurden die Gruppierungen an den Universitäten. Aber die Kraft, Partei zu werden, hatten sie nicht, noch weniger – was ich niemand verdenken kann – die Kraft, immer wieder gegen die Widerstände in der Sozialdemokratie und in der Gewerkschaft anzurennen. Der Erfolg, den die GRÜNEN heute bei den Wahlen haben, hätte die damalige Oppositionsbewegung mittels einer parteilichen Organisations- und Propagandabewegung, zumindest bei der jüngeren Generation, auch haben können; sie hat es versäumt, und diejenigen, die dann von der Sozialdemokratie und den Gewerkschaften integriert wurden, konnten dem »main-stream« ja nicht gefährlich werden. Um es konkreter zu sagen: Von den drei Millionen Wählern, die die GRÜNEN in etwa erhalten, nur jeden Zehnten zu organisieren, ist ein leichtes; mit 10.– DM Monatsbeitrag, das macht 3 000 000.– DM im Jahr, kann man schon sehr gut einfache Lokale mieten, Schulungen durchführen, eine Wochenzeitung auf unbezahlter Mitarbeiterbasis (dafür finden sich immer Begabte) herausgeben und vieles andere machen. Die einstmaligen gewaltigen Ostermärsche usw. haben bewiesen, daß der Widerhall in der jungen Generation recht erheblich war und die Aussichten auf einen guten parteipolitischen Erfolg recht gute waren.

Sie sind einer derjenigen, die aus prinzipiellen Gründen die Rolle der Schulung und der Bildung für die Arbeiterbewegung immer sehr hochgeschätzt haben. Und Sie sind einer der wenigen Marxisten, die – wie Karl Marx selber – der populärwissenschaftlichen Darstellung eine große Bedeutung zumessen. Für Sie war das also niemals eine Arbeit niederen Ranges?

Ich bin mir seit jeher bewußt gewesen, daß ohne Schulung die organisierte Arbeiterbewegung kaum bestehen kann. Und ich betone dabei die *Arbeiter* in dem Begriff Arbeiterbewegung. In den heutigen Organisationen sind Arbeiter zwar Mitglieder, aber davon ist geistig innerhalb der Gewerkschaften und der Sozialdemokratie zu wenig zu spüren. Eher ist eine gewisse Verbürgerlichung eingetreten, aber nicht eine der Arbeiter, sondern ihrer Organisationen. Ich habe immer die Ansicht vertreten, daß der Arbeiter in seiner primären Mentalität und in seinem Selbstbewußtsein durchaus Residuen authentischen Arbeiterdenkens und -verhaltens sich erhalten hat. Daran kann man auch heute noch anknüpfen, man kann die *Arbeiter*probleme, die dem einzelnen Arbeiter halbbewußt sind, aufgreifen, um ihn politisch zu bilden und zur Aktion in seinem Interesse zu befähigen. Und ich spreche nicht nur von grauer Theorie, ich habe das ja selber aktiv in der Wiener Arbeiterbewegung erlebt. Wenn wir Jungen damals auch viel zu meckern und zu kritisieren hatten an dem Alltag und der Praxis der damaligen Arbeiterbewegung, so wissen wir erst heute, was wir verloren haben.

Ich halte es deshalb bis heute für eine außerordentlich wichtige Arbeit eines marxistischen oder sozialistischen Schriftstellers, von einer bestimmten Darstellungsmanier abzusehen und sich mit dem, was man zu sagen hat, unmittelbar an das Volk zu wenden. Ich sage das mit Betonung auch deshalb, weil es häufig im Marxismus und in den kritischen Sozialwissenschaften das Gegenteil gibt, nämlich eine dermaßen hermetische Präsentation von Wissenschaft, daß man schon von Geheimwissenschaft oder von einem Rückfall in mittelalterliche Mystik sprechen muß.

Sie vertreten also die Ansicht, daß »Schulung« – ein mittlerweile eher diskreditierter Begriff – es der Arbeiterbewegung eigentlich erst ermöglicht, die Partei- oder Gewerkschaftsmitglieder zu aktivieren und von der Ebene des un- oder halbbewußten Alltagsverstandes herauszuführen?

Ja, und das gilt insbesondere in den Zeiten des Rückfalls oder eben der Verbürgerlichung der Organisationen der Arbeiterbewegung. Etwas überspitzt könnte man sagen, daß in den Zeiten der Defensive und des Niedergangs der Arbeiterbewegung die Schulung und Bildung die eigentliche Praxis der Arbeiterbewegung par excellence ist. In der Geschichte gibt es dafür mannigfache Belege.

Das würde dann die Schlußfolgerung nahelegen, daß einer der wesentlichen Mängel der heutigen Parteien und Gewerkschaften der Arbeiterbewegung darin zu suchen ist, daß sie zu wenig Schulung organisieren, zu wenig Theoretiker, Ideologen im positiven Sinn ausbilden, zu wenig Leute befähigen, aufklärerisch zu wirken.

Genau, diese Arbeit ist nicht breit genug, nicht organisiert genug, und dort, wo sie stattfindet, nicht genug marxistisch.

Letzteres sage ich in der festen Überzeugung, daß der Marxismus klassisch geworden ist in dem Sinn, daß er – eingedenk seiner notwendigen Weiterentwicklung – eine brauchbare und die Totalität der Verhältnisse ergreifende Methode geworden ist, mit dem das, was in den modernen kapitalistischen Gesellschaften dem bloßen Auge des Betrachters verborgen bleibt, wissenschaftlich sichtbar und erklärt werden kann, durch welche Enthüllung erst wirklich praktisches Handeln möglich wird.

Was bedeuten würden, daß der Marxismus empirische, meinetwegen auch positivistische Erkenntnisse weder ignorieren noch ablehnen muß, sondern sie integrieren kann?

Er muß sie integrieren, weil er gar nicht auf sie verzichten kann. Statistiken und Beobachtungen, Ergebnisse der empirische Soziologie z. B. sind vielfach das Rohmaterial, mit der die marxistische Wissenschaft operieren kann, um hinter dem täuschenden Schein der Verhältnisse das Wesentliche und Wahre aufzudecken. Der Marxismus ist integrale Wissenschaft vom Gesamtzusammenhang, von der Totalität unserer Gesellschaftsformationen. Und nur das macht seine Qualität aus: Es gibt weder eine marxistische Festkörperphysik noch eine marxistische Ökologie. Aber in welchen Zusammenhang der Naturwissenschaft ich das eine und der Soziologie und Ökonomie ich das andere stelle und betrachte – das macht die Leistung und die Qualität marxistischer Methodik aus.

Weitergedacht bedeutet das auch, daß Bildungs- und Weiterbildungsmaßnahmen in der Arbeiterbewegung sich nicht auf Aspekte der Arbeiterbewegung oder der sozialen Lebensverhältnisse im engeren Sinn beschränken dürfen, sondern auch z. B. Naturwissenschaften, Kultur und Kunst umfassen müssen?

Im Grunde darf sie nichts auslassen. Das ist einer der Gründe, warum an Marxisten die Anforderung zu richten ist, unter keinen Umständen zu »Fachidioten« zu werden. Also: Eine einseitig ökonomistische Betrachtung der Gesellschaft, die die kulturellen Aspekte außer acht läßt, verschleiert zugleich trotz besten ökonomischen Wissens über die Gesellschaft das wirkliche Wesen der kapitalistischen Gesellschaft. Oder: Das Problem der Verdinglichung, das in der Wurzel ein ökonomisches Problem ist, kann nicht getrennt werden von den Problemen der Entfremdung, die tief in das Psychische und Sozialpsychologische verweisen.

In dem Zusammenhang, den wir eben behandelt haben, haben Sie immer gegen den asketischen Sozialismus und in jüngster Zeit gegen die im theoretischen Sinne »unerotischen« Grün-Alternativen polemisiert. Warum?

Das ist ein zu kompliziertes Problem, als daß es mit wenigen Strichen abgehandelt werden könnte. Aber es gibt einen aktuellen politischen Aspekt, an dem ich etwas deutlich machen kann: Ich meine die Auseinandersetzung um Arbeitszeitverkürzung. Je mehr die Freizeit wächst – was für die Gesellschaft ja bedeutet: je mehr die Gesellschaft für den Überfluß (der heute hauptsächlich kapitalistisch angeeigneter Mehrwert ist) und nicht für die notwendige Reproduktion lebt – desto eher muß der einzelne in der Lage sein, seine disponible Zeit »erotisch« zu gestalten. Der Begriff des »Erotischen« ist dabei nicht auf Liebe und Sexualität beschränkt; er umfaßt im marxistischen Sinn humane Entfaltung aller Art – also Eigenarbeit, Philosophie, Kunst, Spiel, Geselligkeit usw. Diesen Lebensgenuß, der zugleich Selbstverwirklichung ist, möglich zu machen, ist ganz wesentlich Aufgabe einer entsprechenden Angebotspolitik des Staates. Genauso wie der Staat heute Musikschulen und Volkshochschulen unterhält, damit die Bevölkerung von diesem Angebot Gebrauch machen kann, genauso muß der Staat der Zukunft jene Einrichtungen und Dienstleistungen zur Verfügung stellen, die den Menschen gestatten, ihren jeweiligen »erotischen« Gesamtinteressen nachzugehen. Nun ist das Zukunftsmusik oder Theorie, denn das gegenwärtige entfremdete und verdinglichte Leben läßt auch jenseits des Produktionsprozesses ein wahrhaft erotisches Tagewerk kaum zu. Dennoch muß man darauf hin leben und arbeiten, in schärfster Opposition zum theoretischen Asketismus. Praktisch sieht die Sache etwas komplizierter aus: Denn von denjenigen, die diese »erotische« Welt wirklich schaffen wollen, erfordert der Kampf dafür solche Opfer, daß ihr Leben praktisch der Askese oft sehr nahe kommt. Die entschiedensten Kämpfe für die Arbeitszeitverkürzung erfordern in und wegen dieses Kampfes wohl eher Überstunden. Es ist dies eigentlich immer so: Jeder Fortschritt im Hinblick auf den »erotischen« Menschen wird mit einem Übermaß an Asketismus erkauft. Aber das Wissen, worum es geht, ist bereits erotisches Wissen, ist ein Zipfel von dem, was es zu erhaschen gilt. *Dieser* Asketismus ist also kein gewählter Lebenszustand, sondern ein verschwindendes, instrumentelles Moment, der Kampf bleibt stets »im Fluß«, er nähert sich der Emanzipation nicht als einem definitiven Zustand, sondern auf einem Weg zur »erotischen« Gesellschaft.

Hängt nicht Sektierertum und Dogmatismus in der Arbeiterbewegung auch mit dem mißverstandenen, prinzipiellen Asketismus zusammen?

Unbedingt, denn dieser Asketismus ist die praktische Konsequenz der sektiererischen und dogmatischen Ansicht, man könne sich dem Kapitalismus und seinen Widersprüchen durch ein bescheidenes und verzichtendes Leben entziehen oder geschickt anpassen. Aber das ist nicht die Aufgabenstellung eines politisch bewußten Menschen, das ist Flucht, die letztlich in Enttäuschung endet. Während der praktisch-teleologische Asketismus, den ich eben erwähnte, nicht in Enttäuschung sondern in immer größerer Ermutigung mündet. Wenn man mich vor dreißig Jahren gefragt hätte, was ich mit 80 zu tun gedenke, hätte ich geantwortet: Sollte es mir dann noch vergönnt sein zu leben, ruhe ich mich aus. Und heute? Ich bin selber erstaunt, die Erfahrung zu machen, daß diese Art von »erotischem« Asketismus einem die Kraft verleiht, durch alle Fährnisse hindurch aufrecht zu bleiben, und daß man sogar noch immer größere Impulse empfindet. Und nebenbei: Der prinzipielle Asket ist eine Zumutung für den Mitmenschen, ein trockener, griesgrämlicher, schlechte Laune verbreitender Mensch. Der erotische Asket dagegen ist umgänglich und ihm ist nichts Menschliches fremd.

Kommen wir noch einmal auf den Aspekt der »Arbeiterbildung« zurück. Sie haben sich schon sehr frühzeitig gegen Schelskys These von der »nivellierten Mittelstandsgesellschaft« und gegen ähnliche, in der damaligen Soziologie dominante, Einschätzungen der bundesrepublikanischen Gesellschaftsstruktur gewandt, um klarzustellen, daß wir hier nach wie vor eine Klassengesellschaft vor uns haben. Aber man kann ja das reelle Problem nicht abstreiten, daß sich – z. B. im Vergleich zur Weimarer Republik – bestimmte Lebensweisen und Anschauungen von Arbeitern verändert haben, und daß die Kategorie des Arbeiters selbst in die Minorität geraten ist gegenüber den Angestellten und den Beamten . . .

Mit der Statistik ist das so eine Sache: Das Statistische Bundesamt unterscheidet bis auf den heutigen Tag Arbeiter und Angestellte aufgrund äußerlicher, im wesentlichen sozialversicherungsrechtlicher Unterschiede, die nicht immer mit den sozialökonomischen zusammentreffen. In der Statistik erscheinen viele Arbeiter unter der Rubrik der Angestellten, weil sie z. B. als Meister in der betrieblichen Hierarchie höher stehen. Umgekehrt unterscheiden sich heute sehr viele Angestellte in ihrer Arbeitsweise von dem, was man früher unter »Angestellter« verstanden hat: Sie sitzen in Großraumbüros und machen Routine-Büroarbeit, was sich von der Arbeit eines Arbeiters nicht wesentlich unterscheidet. Nun will ich das nicht alles auflösen in das »panta rhei« (alles fließt), weil ich weiß, daß das Problem der Grenzziehung zwischen dem Säugling und dem Kind, dem Jugendlichen, dem Erwachsenen und dem Greis nichts daran ändert, daß es das Kind, den Jugendlichen, den Erwachsenen und den Greis gibt. Aber ich will darauf verweisen, daß die statistischen Definitionen das Problem nicht lösen. Es gehört dazu eine ökonomische Definition, d. h. die Frage, an welcher Stelle des ökonomischen Gesamtsystems der gesellschaftlichen Reproduktion sich der Arbeitnehmer objektiv befindet. Und es gehört dazu das Problem der Ideologie und der Selbsteinschätzung. Also z. B., der von Bahrdt/Popitz festgestellte und noch immer gültige Unterschied zwischen Arbeitern und Angestellten, daß die Selbstreflexion des Arbeiters weit mehr sich auf ein Kollektiv bezieht als die des Angestellten, der mehr in individuellen Leistungskategorien denkt. Das, was Bahrdt/Popitz in den fünfziger Jahren als typisches Arbeitnehmer-Bewußtsein festgehalten haben und sich in dem Satz zusammenfaßte: »Unsere Kinder sollen etwas Besseres werden«, das bedeutete für den Arbeiter: Die Kinder sollen etwas anderes werden als Arbeiter. Der Arbeiter hat auch gegenüber dem Angestellten weit weniger Bedürfnis der Selbstreflexion und der Innenschau – und das hat natürlich auch eine negative Seite, die wir in den Bildungsstätten, den Volkshochschulen usw. praktisch erleben: In den geisteswissenschaftlichen, den psychologischen, literarischen und philosophischen Kursen finden wir kaum Arbeiter. Der Arbeiter hat nicht denselben Bildungsdrang wie der Angestellte und der Kleinbürger, weil er sich auch nicht so intensiv um seine innere Realität bekümmert. Den Arbeiter aus dieser etwas einseitigen, sagen wir »vermaterialisierten« Sicht auf das Leben, zu reißen, ist ähnlich schwierig, wie den Angestellten und den Kleinbürger für kollektive Aktionen zu gewinnen. Also kurz zusammengefaßt: Sowohl der Angestellte wie der Arbeiter kennen und definieren ihre soziale Situation; aber der eine tut das eher durch Betonung der Unterschiede, der Differenz gegenüber anderen, während der Arbeiter dies eher durch Betonung der Gemeinsamkeit mit seinen Klassengenossen bewerkstelligt. Im allgemeinen und ohne daß wir an dieser Stelle das Problem weiter reflektieren, kann der Schluß gezogen werden, daß sich die unteren Schichten der Angestelltenschaft (einschließlich der Friseusen, Schaffner, Verkäufer etc.) immer mehr proletarisieren, d. h. das Proletariat, genau genommen, zahlenmäßig nicht so abnimmt, wie allgemein angenommen.

Nun könnte man einen Kreis schließen mit dem, was wir vorhin über die Bildungsarbeit diskutiert haben: Wir haben heute einen Stand von Qualifikation und Bildung unter Arbeitern wie unter Angestellten, der unvergleichlich höher ist als früher; insofern haben wir auch, um Franz Steinkühler zu zitieren, heute die gebildetsten und qualifiziertesten Arbeitnehmer. Das Problem der organisierten Arbeiterbewegung besteht darin, das Interesse dieser »gebildeten« Arbeitnehmer in der Konkurrenz zum Fernsehen, zu anderen Bildungs- und Freizeitveranstaltungen zu gewinnen.

Das ist richtig. Wenn heute jemand über das Fernsehen erfährt, wie früher der Cowboy in Amerika gelebt hat und wie heute der Indianer im Reservat lebt – dann ist das ein Stück Bildung, die früher nicht zugänglich war. Aber es ist mehr oder minder eine nutzlose Bildung; es wird nichts daraus. Es müßte eben die Partei oder die Gewerkschaft diese Bildungsarbeit ganz anders organisieren oder das Kulturangebot kritisch und kommentierend begleiten.

Dann kritisieren Sie also nicht – wie viele Linke – die modernen Medien und die Kulturindustrie als solche, sondern nur den falschen oder unsachgemäßen Nutzen, der aus ihnen gezogen wird?

Ja, und auch wegen der Irreführung und der politischen Gaunerei, die mit und in den Medien begangen wird. Da flimmert ein Film über Indien über die Mattscheibe und zeigt, sogar sozialkritisch, die Armut. Immer wieder Arme, Arme, Arme – aber kein Wort darüber, ob und wie das Elend, das geschildert wird, aufhebbar ist; obwohl ein Land wie China nicht weit davon entfernt ist und doch wenigstens als Diskussionsanregung dienen könnte, welchen alternativen Entwicklungsweg Länder mit einer riesigen Überbevölkerung gehen können. Die Medien selber sind ein großartiges Mittel, Bildung und Aufklärung zu vermitteln – aber das geschieht bei uns viel zu wenig, eher in einem umgekehrten, verdummenden Sinne.

Und hinzu tritt der Dünkel des womöglich linken Intellektuellen, der die Massenunterhaltung, mit der sich der Arbeitnehmer abgibt, verachtet.

Womit er nur seine eigene Dummheit beweist. Natürlich wünschte auch ich, daß zu meinen Vorlesungen soviel Leute kommen wie zu einem interessanten Fußballspiel. Aber herrje, der Sport und das Vergnügen, das ist nicht das Verhängnis. Thomas Mann z. B. war auch ein großer Freund des Fußballs. Aber er war zugleich der Schriftsteller Thomas Mann. Und dieses »zugleich« ist das Wesentliche; daß der Mensch nicht festgeritten, festgefahren ist in einseitige kulturelle Aktivitäten, wodurch er sich der Möglichkeit eines kritischen Urteils begibt. Daß »Dallas« eine schlechte Unterhaltung ist, kann der Normalmensch, der ja kein Cineast ist, nur bemerken, wenn er etwas Vergleichbares, aber Besseres angeboten bekommt. Deshalb ist nicht der kulturelle Konsum das Problem; problematisch ist das einseitige und daher unkritische Konsumieren und die Unfähigkeit der modernen organisierten Arbeiterbewegung, attraktive Bildungserlebnisse anzubieten.

Eine Unstimmigkeit von vorhin ist noch offen. Sie haben gesagt, daß von »Verbürgerlichung« der Arbeiterschaft keine Rede sein könne. Sie halten aber die Organisationen der Arbeiterbewegung für verbürgerlicht. Wie kann das gehen? Wenn die Arbeitnehmer nicht verbürgerlicht sind, woher rührt dann der Grund für die Verbürgerlichung ihrer Organisation?

Ich müßte das differenzieren für unterschiedliche Länder. In Italien z. B. würde ich dies nicht so problematisch sehen wie hierzulande. Hier für die Bundesrepublik hat der Faschismus sozusagen reinen Tisch geschaffen: Er hat die Arbeiterbewegung zerschlagen und ihre Kader ausgeschaltet oder vernichtet. Und als der Faschismus seinerseits besiegt war, entstand ein bürgerlicher Staat aus dem alten Geist. Gut, es gab ein paar alte Leute, die sich noch an die politischen Ideale ihrer Jugendzeit erinnerten, ich gehörte auch dazu, aber das war keine mächtige Bewegung; und überdies wurden die wenigen sozialistischen Kräfte durch das Argument des Stalinismus einfach diskreditiert; diese Diskreditierung war gezielt und gemein, aber das Problem des Stalinismus war reell. Und so ist hier eine mehr oder minder unbehelligte Rekonstruktion der bürgerlichen, kapitalistischen Gesellschaft gelungen. Wenn jemand sich überhaupt darin politisch einordnen wollte, dann konnte er kein Linker sein. Das äußerste relevante politische Extrem war die Sozialdemokratie, die als links galt, aber ihren Frieden mit der bürgerlichen Gesellschaft doch längst gemacht hatte.

Das heißt, Ihre Verbürgerlichungsthese ist im strengen Sinn keine soziologische Kategorie, sondern meint das Übergewicht einer bestimmten politischen Strömung in der Arbeiterbewegung.

Ja, ich meine das Übergewicht einer bestimmten politischen Strömung. Dennoch ist diese These eine soziologische Kategorie in dem Sinne, daß diese Strömung ihre Wurzeln immanent im Kapitalismus selbst hat. Streng genommen könnte man sagen, daß die verbürgerlichte Arbeiterbewegung den gegebenen Verhältnissen viel angemessener ist als eine radikalere, weil sie sich nicht in Widerspruch zur Gesellschaftsordnung stellt. Sie wächst automatisch hervor, natürlich genährt durch Ungerechtigkeiten und durch Proteste gegen Widersprüche, aber auch z. B. durch den Wegfall des klassischen bürgerlich-humanistischen Liberalismus, den die Sozialdemokratie beerbte. Die entschiedenen oppositionellen Kräfte haben es sehr viel schwerer. Und wenn sie nicht ohnehin schwach sind, werden sie zusätzlich seitens der Staatsmacht und anderen bürgerlichen Institutionen behindert, wenn nicht bekämpft. Im Westdeutschland der Nachkriegszeit war beides der Fall.

Sie haben in diesem Zusammenhang immer großen Wert auf die Kritik der bürgerlichen Elite gelegt. Welche Bedeutung hat die »Elite« in Ihrer Auffassung von Klassenstrukturen?

Ich bin der Ansicht, daß dieses Problem das schwierigste soziologische Problem unserer Zeit ist. Wir haben es zu tun mit einer anderen Elite als der traditionellen, die man sehen konnte, weil sie sich ausstellte – in Salzburg beim Konzert, beim Rennen im Wiener Prater oder beim Presseball. Das ist heute eine verschwindende Kategorie; ebenso der alte Unternehmer und Besitzer, der Bürger von einst, der tatsächlich noch über die Produktionsmittel persönlich verfügte, d. h. sichtbar war. Die moderne spätbürgerliche Elite demonstriert nicht sichtbar ihren Reichtum und verfügt nicht persönlich, sondern mittels der Manager oder Aktienpakete über das produktive Kapital. Die hochbürgerliche Elite von heute macht ihren Einfluß indirekt über viele Adern und Kanäle geltend. Die Hauptrolle spielen hierbei, worauf bereits Leopold von Wiese hinwies, der dieser Elite selbst entstammte und sozusagen aus der Schule geplaudert hat, persönliche Verbindungen, Ideologen und Ideologien, Medienmacht, Ausnützung gesellschaftlicher Stellungen und last not least die Vorbild- und Nachahmungsfunktion. Der »Professor« z. B. ist ein Titel, der zur modernen Elite drängt, wenngleich auch das Elternhaus dabei eine Rolle spielt; die Familie des amerikanischen Präsidenten Kennedy z. B. wurde nicht zu den exklusiven Klubs zugelassen, weil der Vater des Präsidenten Weinhändler gewesen ist. Es ist vor allem öffentliches Ansehen, Medienpräsenz, die Handhabung der Mußezeit, nicht zuletzt auch die nihilistisch-präpotente Weltanschauung, mit der die moderne Elite ideologisch Macht und Einfluß ausübt, und zwar, wie Leopold von Wiese sagt, »aus dem Hintergrunde heraus«. Die Neigung zur Anti-Öffentlichkeit ist auch der Grund dafür, weshalb die bürgerliche Hochelite die einzige Schicht in unserer Gesellschaft darstellt, über die es keine empirischen Befragungen und Analysen gibt, weil sie sich derlei entzieht – darauf hat vor allem Pritzkoleit hingewiesen. Sie kann sich eine solche Haltung leisten, weil sie sich zwar für alles, was gesellschaftsrelevant ist, interessiert und damit Einfluß auszuüben versucht (z. B. mittels Stiftungen), aber praktisch keine Verantwortung tragen will; sie meidet möglichst die Öffentlichkeit. Die wirklich Herrschenden unserer

Zeit, das sind nicht etwa die Politiker, die eher Ausführungsorgane sind. Herrschaft definiert sich heute durch die Monopolisierung des Einflusses, des Ansehens und des Genusses. Früher wurde das Elitäre repräsentiert durch die offene Zurschaustellung der Person, des Reichtums, der Kleidung, vor allem aber durch die sichtbare persönliche Macht. Das hat sich – man vergleiche die einstige liberal-kapitalistische mit der heutigen konservativen Elite – grundlegend geändert. Die ausgestrahlte Ideologie ist nicht mehr der bürgerlich-liberale Konkurrenzhumanismus, sondern der dekadente Nihilismus. Die nähere Begründung für diese Ansicht finden Sie in meiner 1986 beim Materialis-Verlag erschienenen Schrift »Vergeistigung der Herrschaft«.

Dann wäre folgerichtig der politische Gegner im Sinne des Repräsentanten kapitalistischer Macht weniger der bürgerliche Politiker, auch weniger der einzelne fungierende Unternehmer oder Manager, sondern eigentlich die meist im Verborgenen den Surplus der Gesellschaft verzehrenden Klassen und Schichten, diejenigen also, die wirklich von leistungslosem Einkommen und Vermögen leben.

Ja, so kann man das sagen. Aber diese Schicht ist, obwohl sich der Bogen vom Geldspekulanten, vor allem Aktienbesitzer, bis zum Medienstar spannt, sehr klein. Kleining/Moore haben sie in der »Kölner Zeitschrift für Soziologie und Sozialpsychologie« auf ca. 3 % der Bevölkerung geschätzt. Da sich aber die benachbarten Schichten sehr bemühen, so zu leben wie die Elite, sie nachzuahmen in der Gestik und Sprache, in Habitus und Kulturauffassung, sammeln sich erheblich größere Kräfte an.

Sie werden ideologisch hegemonial in dem Sinne, daß Sie habituelle Muster und Paradigmen prägen?

So ist es. Das gilt, ceterum censeo, natürlich auch für die noch viel kleinere sozialistische Elite, das, was von der Tradition des

»Volkstribunentums« (Lukács) übriggeblieben ist. Es gibt sie noch, aber es sind zumeist Einzelpersonen oder kleine Freundeskreise an Volkshochschulen, an den Universitäten, in den Kirchen oder an der ein und anderen politisch verantwortlichen Stelle. Diese Kräfte sind nicht organisiert, werden nicht gebündelt, sie gehen sukzessiv verloren. Manchmal haben sie einen gewissen Einfluß durch ihren Beruf als Pfarrer oder als Universitätsdozent, selbst als Lehrer oder einfach als Familienväter. Aber organisiert ist diese Elite nicht und sie ist zusätzlich bedroht durch ihren eigenen Utopismus. Sie ist ideologisch gefährdet, weil sie immer wieder in utopische Weltsichten flüchtet und so permanent enttäuscht wird. Die sozialistische Elite hat keinen Halt, solange ihr keine wirkliche politische Organisation eine Heimat bietet.

Besteht nicht eines der größten Probleme im Zusammenhang mit der Kritik der »Frankfurter Schule« darin, daß deren Kultur- und Fortschrittspessimismus heute ein gängiges Vorurteil der linken Intelligenz ist? Nichts ist in der linken Intelligenz verbreiteter als ein weinerlicher Pessimismus über Kulturentwicklung und Fortschritt, was durch Adorno & Co. eine theoretische Begründung bekommen hat, aber durch sie nicht geschaffen wurde.

Ich stimme Ihnen zu. Lenin hat nicht Unrecht gehabt mit seinem Apodiktum: Die Intelligenz schwankt. Die Situation der meisten Angehörigen dieser scheinlinken Schicht ist ziemlich hoffnungslos, selbst dann, wenn sie materiell gut gestellt sind. Denn es fehlt ihnen die Perspektive, die theoretische und dialektische Kraft, in großen Dimensionen zu denken. Das macht kleinmütig, und wenn dann einer mit politischem Interesse und Anspruch daherkommt, dann heißt es rasch: Es ändert sich nichts und es wird sich nichts ändern, und das beweist die ganze Geschichte. Die Tatsache der Intellektuellenarbeitslosigkeit macht diese Situation wahrlich nicht besser. Auf dieser Grundlage wirkt sich die Frankfurter Parole »Progression ist Regression« (»Dialektik der Kultur«) verheerend aus.

Sie leben nun seit fast vierzig Jahren mit Ihrer Frau Ursula zusammen, an der die Jahre und die keinesfalls leichten Lebensumstände scheinbar spurlos vorübergegangen sind. Hat sie es leicht mit Ihnen gehabt?

Ich glaube nicht. Wissen Sie, ich bin ja, ehrlich gesagt, eigentlich ein gänzlich unpraktischer Mensch und wäre in den ungünstigen Lebensumständen und den ungeordneten Verhältnissen ohne meine Frau wahrscheinlich zugrunde gegangen. Meine Frau ist sehr streng, preußisch in der Lebensführung und dementsprechend streng mit mir und bildet dadurch aber auch ein gutes Gegengewicht gegen mich als Wiener Hallodri, der die Ordnung des Lebens nicht allzu ernst nimmt und sich gern etwas gehen läßt. Viele Situationen unseres Lebens waren furchtbar belastend für sie. Aber sie verfügt über ungeheure Energien, über eine große Widerstandskraft. Darin haben wir beide vieles gemeinsam, und das hat sicher dazu beigetragen, daß wir ganz gut durchgekommen sind.

Sie sind ein eher traditioneller Mann?

Vielleicht ja. Aber ich habe auch einen etwas anderen Begriff von Emanzipation als den, der üblich ist. Für mich bedeutet z. B. die vieldiskutierte Emanzipation der Frau nicht bloß die Gleichstellung mit dem Mann, die ja auch impliziert die Gleichstellung mit seiner Entfremdung, Dummheit und devoten Anpasserei. Wirkliche Frauenemanzipation – wie auch Emanzipation des Mannes – meint das Einschlagen eines Lebens- und Bildungsweges, auf dem die Frau den großen Gestalten in Leben und Literatur wie Rosa Luxemburg, Dolores Ibarruri, Kellers Judith, Tolstois Anna, Goethes Philine oder Brechts Grusche, Shen The, Courage usw. nachstrebt, wenn gewiß auch ohne sie zu erreichen. Jede anders, denn Emanzipation ist keine Gleichmacherei. Im allgemeinen ist zu sagen: Emanzipation jeglicher Art meint stets die Identität mit einem humanistisch gestalteten Lebensweg. Das schließt nicht aus, daß ich für den gleichen Lohn bei Mann und Frau eintrete und

dies mit großer Vehemenz; aber wirkliche Emanzipation ist das noch nicht. – Was könnte aus den linken und »grünen« Frauen werden, wenn sie sich den humanistischen Begriff der Emanzipation zu eigen machten. Meine Frau gehört zu den in diesem Sinne emanzipierten Menschen. Eine gesellschaftlich allgemeine Entwicklung der Emanzipation gibt es nur über die gesellschafts- und menschenverändernden Ziele und Anforderungen.

Es muß verstanden werden, daß solche Ziele im Marxismus stets bloß entweder nachweisbar erreichbare Teilziele oder bloß niemals zu erreichende, bloß abstrakt gedachte Endziele sind, denen sich das Individuum nur schrittweise annähert, ohne es je wirklich zu erreichen, d. h. nur »asymptotisch« (Dieser Ausdruck ist der Analytischen Geometrie entnommen: »Zwei Parallelen treffen sich im Unendlichen«). Die Vorstellung eines erreichbaren Endziels der Geschichte, die der Theologie entnommen ist, ist dem Marxismus völlig fremd, ja sie wird vor allem von Friedrich Engels ausdrücklich abgelehnt (in seiner Schrift »Ludwig Feuerbach«). Daß seit Jahrzehnten die antimarxistische Kritik stur und unbelehrbar die Unverschämtheit besitzt, diese Vorstellung dem Marxismus in endlosen Variationen und Wiederholungen zu unterstellen, weil diese Verleumdung zu den wirksamsten gehört, bleibt ein unerschütterliches Charakteristikum der reaktionären Ideologie. Um diese Verleumdung noch wirksamer zu machen, wird oft statt »Endziel« auch »Eschatologie«, »Endzeitdenken«, »Pseudoreligiosität«, »theologischer Utopismus« usw. gesagt. Besonders beschämend ist aber, daß der einstmals vom Marxismus ausgegangene Jürgen Habermas – neben vielen anderen Verdrehungen, die ich mehrfach kritisiert habe – sich untersteht, dem Marxismus ein, wie er wörtlich sagt, »Endziel« als »theologischen Rahmen« zu unterstellen (»Theorie und Praxis«, 1963, S. 311 f.) Diese wirft auf die Frankfurter Schule insgesamt ein charakteristisches Licht. – Jedenfalls hat unser Begriff der Emanzipation, ob der Frauen, der Juden, der (besonders in den USA) verhöhnten Randgruppen, oder des Proletariats nichts mit allen diesen Unterstellungen zu tun.

Sie sind noch immer österreichischer Staatsbürger?

Ja. Es gab eine bestimmte Zeit, da hätte ich gegen Gebühr die deutsche Staatsbürgerschaft beantragen können, was ich damals auch reflektierte. Es war Wolfgang Abendroth, der mir riet, die Einbürgerung nicht zu versuchen. Ich hatte ja keinen festen Beruf und Abendroth sagte deshalb zu mir: »Wer weiß, was noch passiert, so einfach ist Deine Existenz in Deutschland nicht, vielleicht bist Du froh, wenn Du irgendwann noch einmal nach Österreich zurück kannst. Und wenn Du dann nicht mehr österreichischer Staatsbürger bist, machen sie Dir in Wien vielleicht auch Schwierigkeiten.« Und so bin ich österreichischer Staatsbürger geblieben.

Und sind Ehrenbürger Wiens geworden?

Ja, zu meinem 70. Geburtstag. Kreisky muß die Idee gehabt und das arrangiert haben, daß der Kofler Ehrenbürger Wiens wird; wie es sich genau zugetragen hat, weiß ich nicht. Ich wurde zur Verleihung nach Wien eingeladen, habe mich aber entschuldigt, weil ich auf solche äußeren Dinge nicht sehr viel Wert lege. Ich bekam dann die Einladung von der hiesigen Botschaft und habe auch hier einen großen Empfang mit vielen Freunden dankend zurückgewiesen. Ich wurde dann zur Aushändigung der Urkunde von einem livrierten Chauffeur mit großem Wagen mit meiner Frau zusammen in die Botschaft gebracht, wo es ein Festmahl gab. Mir ist noch in Erinnerung, wie verblüfft ich im Gespräch mit dem österreichischen Botschafter war, daß die Botschaft alles, das kleinste Detail aus meinem Leben wußte. Die entsprechenden institutionellen Spürnasen mußten gute Arbeit geleistet haben.

Blicken wir zum Abschluß in die Zukunft: Wenn Sie einerseits die nach wie vor für die Politik in der Bundesrepublik maßgebliche Sozialdemokratische Partei Deutschlands betrachten, und wenn Sie andererseits die neokonservative Politik berücksichtigen, unter der diese Republik gegenwärtig, man muß schon sagen, zu leiden hat, welche gesellschaftspolitischen Linien sehen Sie in der nahen Zukunft?

Zum ersten hat Deutschland das Glück gehabt, daß es in den 20er Jahren eine starke Arbeiterbewegung gegeben hat, die es immerhin fertiggebracht hat, bestimmte sozialpolitische Fortschritte zu erkämpfen und die Grundlinien jenes Sozialstaats zu legen, der in der Nachkriegszeit maßgeblich von der SPD aufgebaut wurde. Dieser Sozialstaat stellt, eben im Unterschied zu den USA oder auch zu Japan, ein Hindernis dar für die konservativen Kräfte, einfach wie in den USA zum Manchester-Liberalismus zurückzukehren. Die Neokonservativen können hier nicht ganz so, wie sie eigentlich wollen, sie müßten nämlich erst den Sozialstaat, in dem zwar noch manches fehlt, niederreißen. Es ist schon eine Menge demontiert, aber noch sperren sich eine Reihe von sozialstaatlichen Alltagsstrukturen dagegen, einfach zum Konkurrenz-Prinzip des Rechts des Stärkeren überzugehen.

Wenn ich aber das Hauptproblem anspreche, nämlich was aus Deutschland werden wird, dann muß ich schon über dieses Land hinausschauen, um eine richtige Orientierung zu geben. Ich vertrete die Ansicht, daß sich durch das Entstehen eines gewaltigen sozialistischen Blocks im Osten die Form des Klassenkampfes total verändert hat und daß die Gewichte der internationalen Systemauseinandersetzung heute wesentlich über die Geschicke der einzelnen Nationen entscheiden. Natürlich können und müssen weiterhin die nationalen linken Bewegungen ihren Kampf auf nationalem Boden weiterführen. Aber niemand kommt angesichts der Blockkonfrontation mehr um den Punkt herum, sich für oder gegen den sozialistischen Block erklären zu müssen. Die Frage schien mit dem Stalinismus und den nachfolgenden Bürokratien bereits entschieden. Aber sie wird derzeit mit den Reformbestrebungen im Osten, die mit dem Namen Gorbatschow verknüpft sind, wieder offen gehalten. Der sozialistische Block hat Ernst damit gemacht, sich von den Überresten des Stalinismus und der Bürokratie zu reinigen. Mehr noch: Er erstrebt unter Gorbatschow weitreichende Reformen des Systems, deren Umsetzung in der Praxis allerdings gewaltige, teilweise schon der Größe des Landes geschuldete Schwierigkeiten aufwirft. Und wenn das sozialistische Lager sich reformiert und wenn zugleich, wofür alles spricht, die Reformunfähigkeit auf der einen Seite und die reaktionäre Tendenz des imperialistischen Systems auf der anderen Seite sich verstärken, dann sehe ich eine Möglichkeit, daß die verschiedenen nationalen Linken von der Verschiebung des internationalen Kräfteverhältnisses profitieren können. Wenn die Reformtendenz in der Sowjetunion absterben sollte oder durch die Hochrüstung verunmöglicht wird, ist diese Chance zunichte. Und zunichte ist sie auch, wenn die Sozialdemokratie sich in ihrem traditionellen Antikommunismus und die radikalere Linke sich in einem nur dem Stalinismus entsprechenden Bild des Ostens einigeln. Aber beides wird nicht eintreten, denn die SU ist so erstarkt, daß sie auch die Rüstung ertragen kann, wenn auch mit Opfern, und das Schreckensbild des Stalinismus ist passé.

Ihre These bedeutet, daß die Propaganda der fünfziger Jahre, daß der Gegensatz von Sozialismus und Imperialismus im Weltmaßstab über die Geschichte entscheiden würde, erst heute praktisch wahr wird. Aber wie soll das in der Bundesrepublik wirksam werden?

Ich beobachte bereits jetzt die Erschütterung eingefleischten, z. T. bornierten westlichen Bewußtseins angesichts der Ereignisse um Gorbatschow. Und ich behaupte: Das wird weitergehen; wenn im Osten in den nächsten zehn, zwanzig Jahren Reformerfolge zu verzeichnen sein werden, dann wird das zurückschlagen auf die ganze Welt – und somit auch auf uns.

Und was sollen wir hier tun?

Was wir immer tun müssen: Reden, aufklären und organisieren. Wir müssen den Reagan-Block erschüttern helfen, erodieren und die linke Bewegung stark machen. Die Linke trägt noch immer die Verantwortung dafür, daß aus der Marxschen Alternative »Sozialismus oder Barbarei« das einzig Lebenswerte herauskommt.

Wir sollen also an einem geschichtlichen und tätigen, arbeitsamen Optimismus festhalten?

Ja, unbedingt. Und bei aller Kritik, die ich daran höre, fällt mir immer nur wieder ein: Wenn man im Mittelalter einem theoretisch gebildeten Bürger gesagt hätte, daß die Gesellschaft einen Weg einschlägt, bei dem es den Adel nicht mehr geben wird, meinen Sie, es wäre verstanden worden? Wären die Medicis imstande gewesen, die bürgerliche Existenz und die politische Rolle eines »Graf von« Lambsdorff zu denken? Und heute vollzieht sich der historische Prozeß in einer unendlich rascheren Dynamik als früher. Deshalb ist der Begriff Fortschritts*optimismus* auch bereits trügerisch. Solange sich die Welt nicht in die Richtung »Barbarei« entwickelt – was immer noch möglich ist –, ist jede andere Entwicklung eine in Richtung Sozialismus, auch wenn die Strecke winkelreich und lang ist. Wie soll man denn eigentlich wirklich pessimistisch sein können, wenn die Welt vor der Alternative steht, sich entweder zugrunde zu richten oder sich zum Höheren zu entwickeln. Solange es noch viele »Gorbatschows« und viele humanistische Reformer im Westen gibt, haben wir nichts zu befürchten. Die Frage der Auf- oder Abrüstung kann durch die Schuld der USA zu einer sehr schwierigen werden, kann aber im Grunde den Prozeß der revolutionären Reform des Sozialismus nicht aufhalten. Die Sowjetunion hat schon ganz andere Krisen durchgestanden. Die westlich-kapitalistische Welt wird sich gleichfalls verändern müssen, oder sie wird untergehen.

BIBLIOGRAPHIE

(zusammengestellt von Wolf Schönleitner und Werner Seppmann)

A. Bücher

Die Wissenschaft von der Gesellschaft. Umriß einer Methodenlehre der dialektischen Soziologie, (unter dem Pseudonym Stanislaw Warynski) Bern ^{1}1944, Mannheim ^{2}1971, Frankfurt/M. ^{3}1971 und ^{4}1974.

Zur Geschichte der bürgerlichen Gesellschaft, Halle/Saale ^{1,2}1948, Berlin und Neuwied ^{3}1967, Darmstadt und Neuwied ^{4}1971, ^{5}1974, ^{6}1976 und ^{7}1979.

Marxistischer oder stalinistischer Marxismus (Pseudonym: Jules Dévérité), Köln 1951.

Das Wesen und die Rolle der stalinistischen Bürokratie, Köln 1952. Wiederabdruck in: Stalinismus und Bürokratie, 1970.

Der Fall Lukács. Georg Lukács und der Stalinismus, Köln, 1952.

Das soziale Werden der Gegenwart. Eine Einführung in die Geschichte der bürgerlichen Gesellschaft, Düsseldorf 1954.

Menschlichkeit, Freiheit, Persönlichkeit. Eine Einführung in den sozialistischen Humanismus, Düsseldorf, 1954.

Geschichte und Dialektik. Studien zur Methodenlehre der marxistischen Dialektik, Hamburg ^{1}1955, Oberaula ^{2}1970, Darmstadt und Neuwied ^{3}1973.

Marxistischer oder ethischer Sozialismus? Bovenden bei Göttingen 1955.

Perspektiven des sozialistischen Humanismus, Köln 1957.

Ist der Marxismus überholt? Köln 1957.

Die beiden Eliten zwischen Nihilismus und Humanismus, Dortmund 1959.

Staat, Gesellschaft und Elite zwischen Humanismus und Nihilismus, Ulm ^{1}1960, 2. Auflage unter dem Titel: Marxistische Staatstheorie, Frankfurt/M. 1970, 3. Aufl. unter dem Titel: »Die Vergeistigung der Herrschaft«, 2 Bd., Frankfurt/M. 1986 f.

Die drei menschlichen Tragödien des 20. Jahrhunderts und das Problem der Bildung, Dortmund 1960. Wiederabdruck in: Zur Dialektik der Kultur, 1972.

Das Ende der Philosophie? Dortmund 1961. Wiederabdruck in: Zur Dialektik der Kultur, 1972.

Zur Theorie der modernen Literatur. Der Avantgardismus in soziologischer Sicht, Neuwied und Berlin ^{1}1962, Düsseldorf ^{2}1974.

Der proletarische Bürger, Wien 1974.
Der asketische Eros. Industriekultur und Ideologie, Wien 1967.
Perspektiven des revolutionären Humanismus, Reinbek bei Hamburg 1968.
Stalinismus und Bürokratie, Neuwied und Berlin [1,2]1970.
Abstrakte Kunst und absurde Literatur. Ästhetische Marginalien, Wien 1970.
Technologische Rationalität im Spätkapitalismus, Frankfurt/M. 1971, 2. Auflage unter dem Titel: »Beherrscht uns die Technik? Technologische Rationalität im Spätkapitalismus«, Hamburg 1983
Zur Dialektik der Kultur, Frankfurt/M. 1972.
Aggression und Gewissen. Grundlegung einer anthropologischen Erkenntnistheorie, München 1973.
Soziologie des Ideologischen, Stuttgart 1975.
Haut den Lukács – Realismus und Subjektivismus. Marcuses ästhetische Gegenrevolution, Lollar 1977.
»Geistiger Verfall und progressive Elite. Sozialphilosophische Untersuchungen«, Bochum 1981
»Der Alltag zwischen Eros und Entfremdung. Perspektiven zu einer Wissenschaft vom Alltag«, Bochum 1982
»Zur Kritik der ›Alternativen‹«, Hamburg 1983
»Der Konservatismus zwischen Dekadenz und Reaktion«, Hamburg 1984
»Eros, Ästhetik, Politik. Thesen zum Menschenbild bei Marx«, Hamburg 1985
»Aufbruch in der Sowjetunion? Von Stalin zu Gorbatschow«, Hamburg 1986

B. Beiträge in Sammelbänden und Zeitschriften

»Der Grundwiderspruch in der Geschichtsphilosophie des 18. Jahrhunderts«, in: *Aufklärung,* H. 4/1951, S. 80–82.
»Ethischer Sozialismus?«, in: *pro und contra,* April 1951, S. 58–62.
»Der aufklärerische und der sozialistische Humanismus«, in: *Aufklärung,* H. 5/1951, S. 113–116.
»Über die Freiheit«, in: *pro und contra,* Mai 1951, S. 74–77.
»Über den Ursprung und Charakter des Luthertums«, in: *links,* Februar 1952.
»Die pietätlose Entblößung. Staat und Gesellschaft in Marxens kritischer Analyse«, in: *links,* Mai 1952, S. 7–9.

»Theorie und Praxis«, in: *links,* Juni 1952, S. 10–11.
»Vorbemerkungen zu einer Theorie der Geschichtsbetrachtung«, in: *Aufklärung,* H. 3/1952, S. 147–162.
»Arbeit und Selbstentfremdung«, in: *links,* März 1953, S. 9–10.
»Staat und Gesellschaft in der marxistischen Theorie«, in: *pro und contra,* März/April 1953, S. 49–51.
»Henri Pirenne und die ursprüngliche Akkumulation«, in: *pro und contra,* April 1953.
»Die methodischen Ausgangspunkte der Grenznutzen- und Arbeitswerttheorie«, in: *links,* April 1953, S. 26–27.
»Fetischismus und Verdinglichung«, in: *links,* September 1953.
»Was ist Sprache?«, in: *links,* November 1953, S. 25–29.
»Marxistischer und stalinistischer Marxismus«, in: *DUZ,* H. 10/1954, S. 11–13.
»Marxistische und stalinistische Geschichtsauffassung«, in: *DUZ,* H. 13/1954, S. 8–10.
»Marxistische und stalinistische Kunstauffassung«, in: *DUZ,* H. 22/1954, S. 14–17.
»Die Gesellschaftsauffassung des historischen Materialismus«, in: W. Ziegenfuß (Hg.), *Handbuch der Soziologie,* 1955/56, S. 512–529.
»Ethischer oder marxistischer Sozialismus?«, in: *Die Neue Gesellschaft,* H. 1/1955, S. 44–45.
»Marxistische und stalinistische Ethik«, in: *DUZ,* H. 5/1955, S. 6–9.
»Bourgeois und Citoyen«, in: *Funken,* H. 6/1956, S. 86–91; H. 7/1956, S. 103–108; H. 8/1956, S. 123–127.
»Die Verzauberung der Klassengesellschaft in den Europäischen Gesprächen des DGB«, in: *WISO,* 15. 10. 1956.
»Über das Verhältnis von Staat und Gesellschaft und das Wesen des bürgerlichen Staates«, in: *WISO,* 1. 11. 1956, S. 209–213.
»Allgemeine Grundlagen der Koexistenz«, in: *WISO,* 15. 11. 1956.
»Ist der Marxismus überholt?«, in: *WISO,* 1. 12. 1956. Wiederabdruck in: Ist der Marxismus überholt?, 1957.
»Die Dekadenz des herrschenden Bürgertums und die Rolle der bürgerlichen Elite«, in: *WISO,* 15. 12. 1956, S. 271–276. Wiederabdruck in: Ist der Marxismus überholt?, 1957.
»›Wohlstandskriminalität‹? Die bürgerliche Ideologie und das Problem der ansteigenden Kriminalität«, in: *WISO,* 1. 2. 1957, S. 63–66.
»Die Diktatur des bürgerlichen Geistes im kapitalistischen Staat«, in: *WISO,* 1. 3. 1957, S. 99–102.

»Herrschaft der Verbände«, in: *WISO,* 15. 3. 1957, S. 121–124.
»Die Rolle der Elite im vollendeten Sozialismus«, in: *WISO,* 1. 5. 1957.
»Bürgerliche Geschichtsforschung bestätigt Marx' Lehre von der ursprünglichen Akkumulation«, in: *WISO,* 15. 5. 1957.
»Von Heraklit bis Hegel«, in: *Funken,* H. 7/1957, S. 108–112; H. 8/1957, S. 122–127.
»Zum Verständnis Bert Brechts«, in: *Funken,* H. 8/1957, S. 124–128.
»Das Prinzip der Arbeit in der Marxschen und Gehlenschen Anthropologie«, in: *SJ,* 78. Jg., H. 1/1958, S. 71–86.
»Zur Soziologie des Arbeiters«, in: *SJ,* 78. Jg., H. 5/1958, S. 1–30.
»Dudinzews ›Der Mensch lebt nicht vom Brot allein‹«, in: *DUZ,* H. 9/1958, S. 552–556.
»Die Entfremdung des Arbeiters«, in: *PWS,* H. 2/1958, S. 15–32.
»Verstehende und materialistische Geschichtsauffassung«, in: *DUZ,* H. 1/1959, S. 5–17. Wiederabdruck in: Zur Dialektik der Kultur, 1972.
»Liberalismus und Demokratie«, in: *Zeitschrift für Politik,* H. 2/1959, S. 113–126. Wiederabdruck in: Zur Dialektik der Kultur, 1972.
»Die bürgerliche Elite in der Zeit der Dekadenz«, in: *PWS,* H. 6/1959, S. 11–26.
»Die progressive Elite«, in: *PWS,* H. 6/1959, S. 61–71.
»Zur Soziologie der führenden Elite in unserer Zeit«, in: *SJ,* 79. Jg., H. 6/1959, S. 641–663.
»Wilhelm Emrichs ›Franz Kafka‹«, in: *DUZ,* H. 6/1959, S. 361–367.
»Abstrakte Kunst, absurde Literatur und das Problem der Verdinglichung«, in: *Perspektiven,* April/Mai 1960, S. 19–25.
»Die Funktion der Bürokratie in der hochbürgerlichen Gesellschaft«, in: *PWS,* H. 17/1960, S. 71–80.
»Adorno oder Lukács? Zwischen Marxo-Nihilismus und marxistischer Literaturtheorie«, in: *Politikon,* H. 7/1964, S. 20–23.
»Haut den Lukács! Zum Streit um eine marxistische Ästhetik. 1. Teil: Die Frankfurter Schule«, in: *res nostra,* H. 4/1964, S. 8–9.
»Was heißt Wiederspiegelung? Zum Streit um eine marxistische Ästhetik. 2. Teil: Georg Lukács«, in: *res nostra,* H. 5/1964, S. 15–17.
»Das Apollinische und das Dionysische in der utopischen und antagonistischen Gesellschaft«, in: F. Benseler (Hg.), *Festschrift zum achtzigsten Geburtstag von Georg Lukács,* Neuwied 1965, S. 556–587. Wiederabdruck in: Kürbiskern, H. 4/1966, S. 54–76.

»Utopie und Wahrheit«, in: *Volkshochschule im Westen,* April 1965, S. 88–89.

»›Revolutionäre‹ Praxis heute?«, in: *Notizen,* Nr. 62, Juni 1965, S. 16–18.

»Hauptstufen der dialektischen Gesellschaftsphilosophie«, in: *Kürbiskern,* H. 2/1966, S. 103–119.

»Karl Marx und das religiöse Bewußtsein«, in: *Rote Revue,* H. 6/1966, S. 161–164.

»Herrn Habermas' Umwälzung des Totalitätsbegriffs«, in: *Notizen,* Juli 1966, S. 22–23.

(mit W. Abendroth, H. H. Holz, Th. Pinkus), *Gespräche mit Georg Lukács,* Reinbek 1967.

»Industriekultur und Literatur«, in: O. Schatz (Hg.), *Die erschreckende Zivilisation,* Wien 1969.

(mit A. Buro), *»Vom Handelskapitalismus zum Neo-Imperialismus der Gegenwart.«* Eine Einführung in die Entwicklung der bürgerlichen Gesellschaft, Offenbach 1972.

»Gibt es heute noch Kunst?«, in: *Entstehung und Entscheidung.* Festschrift für Johannes Harder, Wuppertal 1973, S. 131–141.

»Zur soziologischen Kritik von Becketts ›Warten auf Godot‹«, in: *Materialien zu Samuel Becketts »Warten auf Godot«,* Frankfurt/M. 1973, S. 153–169.

»Das nihilistische und das humanistische epische Theater«, in: D. Arend, *Der Nihilismus als Phänomen der Geistesgeschichte in der wissenschaftlichen Diskussion unseres Jahrhunderts,* Darmstadt 1974, S. 259–300.

»Jesus und die Ohnmacht«, in: I. Fetscher/M. Machovec, *Marxisten und die Sache Jesu,* München und Mainz 1974, S. 46–61.

»Kafka«, in: *Spektrum der Literatur,* Gütersloh 1975.

»Beckett«, in: *Spektrum der Literatur,* Gütersloh 1975.

»Krise der Soziologie«, in: G. Eisermann (Hg.), *Die Krise der Soziologie,* Stuttgart 1976, S. 48–54.

Dialektik der konservativen und progressiven Intelligenz«, in: O. Schatz (Hg.), *Abschied von Utopia,* Graz und Wien 1977.

»Ein vulgo-sophistischer Denker. Über Jürgen Habermas«, in: *Information Philosophie,* Nr. 2, März/April 1977, S. 2–5.

»Hippolyte Taine«, in: A. Silbermann (Hg.), *Klassiker der Kunstsoziologie,* München 1979, S. 11–27.

»Die ›geheimen Initiatoren‹. Versuch einer Bestimmung des Wesens der hochbürgerlichen Elite«, in: *Merkur,* 36. Jg., H. 4/1982, S. 383–390.

»Die Bewußtseinsanthropologie im Materialismus von Karl Marx«, in: O. K. Flechtheim (Hg.), *Marx heute,* Hamburg 1983, S. 155–170.
»Die neue Form des Klassenkampfs«, in: W. Abendroth u. a., *Nicht links – nicht rechts? Über die Zukunft der Grünen,* Hamburg 1983, S. 25–34.
»Zu Lukács Literaturtheorie«, in: *Sozialismus,* H. 4/1986, S. 41–45. Wiederabdruck unter dem Titel: »Gegen Mythos und Mechanik. Marginalien zu Lukács Literaturtheorie anläßlich seines hundertsten Geburtstages,« in: Kunst und Therapie, H. 8/1986.

C. Zeitungsartikel und Rezensionen

»Die Funktion des Jungreferenten«, in: *Bildungsarbeit,* XVII. Jg., 1930, S. 79.
»Sozialistische Unterhaltung und Kultur«, in: *Bildungsarbeit,* XVIII. Jg., 1931, S. 7.
»Sozialethische Betrachtungen aus dem Vormärz« (Rez.), in: *Deutsche Literaturzeitung,* Jg. 69, H. 8/9 1948, S. 305–307.
»Theorie und Praxis der stalinistischen Bürokratie«, in: *PZ-Archiv,* Nr. 11, 1951, S. 6–7.
»Praktische Antwort eines Theoretikers«, in: *PZ-Archiv,* Nr. 15, 1951, S. 9.
»Der Fall Georg Lukács«, in: *Der Augenzeuge,* Nr. 17, Oktober 1951, S. 7.
»Theorie und Praxis«, in: *Ziel und Weg,* Nr. 2, 1951, S. 1–3.
»Der marxistische Begriff der Freiheit«, in: *links,* Juli 1952, S. 11.
»Über einen der vielen Gründe der Niederlage der SPD«, in: *pro und contra,* 11. 11. 1953, S. 148–149.
»Wege und Grundlagen sozialistischer Erziehung«, in: *links,* Januar 1954, S. 23–26.
»Marxismus und christliche Heilslehre«, in: *links,* April 1954.
»Die Rolle der Gewerkschaft im liberalen Staat«, in: *Der Senefelder,* August 1954, S. 204–207.
»Monerot und das Geschwätz«, in: *links,* Januar 1955, S. 27–28.
»Marx ohne Perspektive?« (Rez.), in: *DAZ,* Nr. 13, 1955, S. 11.
»Die Gewerkschaft im liberalen Staat«, in: *DAZ,* 25. 8. 1955, S. 10.
»Verlorenheit – oder sozialistische Hoffnung« (Rez.), in: *DAZ,* 15. 9. 1955, S. 11.

»Armseligkeit und Entmaterialisierung«, in: *DAZ,* 20. 10. 1955.
»Sozialistischer Antimarxismus«, in: *DAZ,* 3. 11. 1955, S. 2.
»Freiheit und Fortschritt«, in: *DAZ,* 10. 11. 1955.
»Zu ›Geschichte und Dialektik‹«, in: *Funken,* 6. Jg., Nr. 12, Dezember 1955, S. 181–185.
»Bürgertum und Demokratie«, in: *DAZ,* 1. 12. 1955, S. 6.
»Bürokratismus und Sowjet-Literatur«, in: *DAZ,* 15. 12. 1955.
»Arbeiterpriester und Sozialismus«, in: *DAZ,* 3. 2. 1956.
»Georg Lukács und das ideologische Bewußtsein«, in: *DAZ,* 16. 2. 1956.
»Ist der Marxismus ein System?«, in: *DAZ,* 15. 3. 1956.
»Über die Entstehung des kapitalistischen Reichtums«, in: *Der Senefelder,* Nr. 4, 1956, S. 71–76 und Nr. 5, 1956, S. 99–103.
»Das Experiment des perfekten Kapitalismus«, in: *DAZ,* 5. 4. 1956. Wiederabdruck in: Ist der Marxismus überholt?, 1957.
»Rußland und der Stalinismus« (Rez.), in: *DUZ,* H. 7/8 1956, S. 13–15.
»Historisch-materialistisches Abrakadabra und Leonard Nelson«, in: *Funken,* Mai 1956, S. 79–80.
»Georg Lukács und der Stalinismus«, in: *DAZ,* 9. 5. 1956.
»Eine bedeutsame Artikelsammlung von Abendroth« (Rez.), in: *WISO,* 15. 6. 1956.
»Der Verlust des Citoyen«, in: *DAZ,* 21. 6. 1956, S. 5.
»Zum polnischen Aufstand«, in: *WISO,* 15. 7. 1956, S. 99–100.
»Die List der Vernunft bei Hegel und Marx«, in: *DAZ,* 15. 11. 1956.
»Heine und Hölderlin«, in: *DAZ,* 12. 7. 1956.
»Bürgerliche Dekadenz und moderne Literatur«, in: *DAZ,* 13. 12. 1956, S. 11.
»Der Nihilismus und die Hoffnung«, in: *DAZ,* 11. 4. 1957.
»Klassische und realistische Kunst sind identisch«, in *DAZ,* 25. 4. 1957, S. 11.
»Die drei Faktoren des bürgerlichen Staates«, in: *Studenten-Kurier,* Juni 1957, S. 9.
»Marxismus und Eschatologie« (Rez.), in: *DAZ,* H. 22 / 1957, S. 7–9.
»Bert Brecht und die neue Epoche der progressiven dramatischen Kunst«, in: *DAZ,* 14. 11. 1957, S. 11.
»Die progressive Elite und ihr Verhältnis zur Kunst Bert Brechts«, in: DAZ, 21. 11. 1957, S. 12.
»Das Problem der Geste in der Kunst Bert Brechts«, in: *DAZ,* 28. 11. 1957, S. 12.

»Naivität und Verfremdung in Brechts Kunst» «, in: *DAZ,* 5. 12. 1957, S. 11.
»Der verwüstete und manipulierte Mensch«, in: *DAZ,* 19. 12. 1957.
»Sozialistischer Humanismus und stalinistische Bürokratie«, in: *DAZ,* 23. 1. 1958, S. 4.
»Der Arbeiter und die sterbende Zeit«, in: *DAZ,* Nr. 12, 1958.
»Orthodoxes Pfaffentum«, in: *Funken,* 9. Jg., Nr. 4, April 1958, S. 59–63.
»Homo ludens und die Pflicht zur Bildung«, in: *Volkshochschule im Westen, 10. Jg., H. 3/4, Juni 1958, S. 66–69.*
»Das geäußerte und das wahre Interesse«, DAZ, 12. 6. 1958, S. 4.
»Eros und Kultur« (Rez.), in: *DAZ,* 10. 7. 1958, S. 6.
»Privateigentum und Persönlichkeit in der kapitalistischen Welt«, in: *DAZ,* 21. 8. 1958, S. 4.
»Das Gesellschaftsbild des Arbeiters«, in: *DAZ,* 13. 11. 1958.
»Reformation und Humanismus«, in: *DAZ,* 20. 11. 1958, S. 11–12.
»Der Begriff der Ideologie«, in: *DAZ,* 20. 11.1958.
»Wider den mißverstandenen Realismus« (Rez.), in: *DAZ,* 12. 2. 1959, S. 11.
»Über Franz Kafka« (Rez.), in: *DAZ,* 6. 5. 1959, S. 11.
»Künstlerischer Realismus und sowjetische Wirklichkeit«, in: *Die Kultur,* 1. 6. 1959, S. 10.
»Ernst Blochs Revision des Marxismus. Eine Sammelschrift gegen den Leipziger Philosophen« (Rez.), in: *Die Kultur,* 15. 6. 1959, S. 11.
»Dogmatische Marxismuskritik« (Rez.), in: *DUZ,* September 1959, S. 167–171.
»Marxismus und Ethik«, in: *DAZ,* 9. 10. 1959, S. 4–5.
»Mensch und Ideal. Gedanken zum Problem der Erwachsenenbildung«, in: *Volkshochschule im Westen,* April/Mai 1960, S. 4–7.
»Friedrich Engels hat recht behalten«, in: *DAZ,* Nr. 34, 1960, S. 11.
»Von Lessing bis Thomas Mann«, in: *DAZ,* Nr. 36, 1960, S. 12.
»Unverstandene marxistische Ästhetik« (Rez.), in: *DAZ,* Nr. 39, 1960, S. 12.
»Zum Fall Gropp«, in: *DAZ,* Nr. 11, 1961, S. 6.
»Überwindung der Dogmen« (Rez.), in: *DAZ,* Nr. 28, 1961, S. 12.
»Utopie und Wahrheit«, in: *Freies Denken,* 13. Jg., Nr. 2, Februar 1965, S. 2–3.
»Wettlauf mit der Katastrophe«, in: *VR,* 18. 5. 1965.

»Die schwarz-rot karierte Dialektik. Marxismus und Literatur in Frankfurt«, in: *DAZ,* 24. 6. 1965.
»Archiv für Sozialgeschichte, Bd. IV« (Rez.), in: *VR,* 25. 6. 1965.
»Kurt Lenk, Ideologie – Ideologiekritik und Wissenssoziologie« (Rez.), in: *SJ,* H. 4/1965, S. 75–76.
»Eine Anatomie des SS-Staates« (Rez.), in: *VR,* 13. 8. 1965.
»Manager und Aktionäre in Deutschland« (Rez.), in: *VR,* 23. 9. 1965.
»Lenin – Sein Leben und sein Tod« (Rez.), in: *VR,* 22. 12. 1965.
»Marxismus und das menschliche Individuum«, in: *VR,* 26. 1. 1966.
»Der Auschwitz-Prozeß«, in: *VR,* 21. 5. 1966.
»Geschichte der deutschen Arbeiterbewegung«, in: *VR,* 15. 9. 1966.
»Das amerikanische Wirtschaftswunder«, in: *VR,* 1. 12. 1966.
»Arbeiterdiktatur oder Parteiendemokratie« (Rez.), in: *VR,* 13. 12. 1967.
»Zur Krankheit der Normalen« (Rez.), in: *Ruhr-Reflexe,* 3. Jg., H. 8, Februar/März 1968, S. 9–10.
»Österreichs revolutionäre Sozialisten 1934–1938«, in: *VR,* 25. 4. 1969.
»Zum Thema Technokratie«, in: *links,* Nr. 9, März 1970, S. 13.
»Gewaltlos, aber revolutionär!«, in: *links,* März 1971, S. 19.
Mensch und Ideal. Zum Problem der Werte heute«, in: *Wirklichkeit und Wahrheit,* April/Juni 1971, S. 102–108.
»Anthropologische Erkenntnistheorie und Aggression«, in: *Wirklichkeit und Wahrheit,* April/Juni 1971, S. 112–113.
»Aktiver sozialistischer Rebell gegen bürokratisch entartete Partei. Zum Tode Ernst Fischers«, in: *Metall,* 29. 8. 1972.
»Historisch-konservierende Denkweise« (Rez.), in: *betrifft: erziehung,* Nr. 6, Juni 1973, S. 73–75.
»Zum amorphen Pluralismus verschmiert« (Rez.), in: *betrifft: erziehung,* Nr. 11, November 1973, S. 85–86.
»Kritische Psychologie?«, in: *BSZ,* Nr. 200, 22. 10. 1979.
»Prolegomenon zu einem anthropologischen Humanismus«, in: *BSZ,* Nr. 201, 5. 11. 1979.
»Über den marxistischen Totalitätsbegriff«, in: *BSZ,* Nr. 202, 19. 11. 1979.
»Phrasen statt Marxismus«, in: *BSZ,* Nr. 207, 28. 1. 1980.
»Sophistische Verteidigungsversuche«, in: *BSZ,* Nr. 208, 11. 2. 1980.
»Sartre zwischen Nihilismus und Humanismus«, in: *BSZ,* Nr. 208, 11. 2. 1980.

Rez. von: Heydorn / Koneffke, Studien zur Sozialgeschichte und Philosophie der Bildung, in: *B: E (betrifft: erziehung),* Nr. 12/1974.
Rez. von: D. Claessens / K. Claessens, Kapitalismus als Kultur, in: *Soziologische Revue,* Jg. 3 (1980), S. 157/58.
»Lernen den Marxismus zu handhaben«, in: *Die Neue,* 12. 3. 1981.
»Marginalien zu einer Kritik Friedrich Tombergs«, in: *Argument-Sonderband 82,* 1982, S. 129–130.
Rez. von: H. Uthoff / W. Deetz, Bürokratische Politik, in: *Soziologische Revue,* Jg. 5 (1982), S. 451/52.
»Jenseits von Naturalismus und Absurdismus«, in: *Theaterzeitschrift 5* (1983), S. 57/58.
Rez. von: G. Rohrmoser, Die Krise der politischen Kultur, in: *Das Argument,* H. 145/1984, S. 456/57.
Artikel: »Elite (bürgerliche)«, »Historischer Materialismus«, »Totalität«, »Übergangsgesellschaften«, in: H. Kerber / A. Schmieder (Hg.), *Handbuch Soziologie,* Reinbek 1984.
»Meinem Freunde in Trauer« [Zum Tode Wolfgang Abendroths], in: *Sozialismus,* Sonderheft (November 1985), S. 53/54.
»Reale Utopie«, in: *Sozialismus,* H. 4/1985, S. 48–50.
»Der schöne Mensch«, in: *Frontal,* 26. Jg., H. 4/1986, S. 16.
»Hintergründe des Verlusts der marxistischen Ideologie«, in: *links,* Nr. 200/1986, S. 37/38.

D. Sekundärliteratur (einschl. Rezensionen)

W. Abendroth, Marxistische Theorie, in: *Die Neue Gesellschaft,* H. 2/1956, S. 156–157.
H. Abosch, Koflers dialektische Geschichtsbetrachtung, in: *DAZ,* 4. 4. 1967.
Art.: Leo Kofler, in: W. Bernsdorf (Hg.), *Internationales Soziologen-Lexikon,* Stuttgart 1959, S. 274.
Anonym: Rez. zu »Perspektiven d. rev. Hum.«, in: *Wiener Tagebuch,* Nr. 3, 1970, S. 27–28.
Anonym: Rez. zu »Der Konservatismus«, in: *Sozialismus,* Nr. 6/1984, S. 35–36.
V.-M. Bader, Rez.: Der asketische Eros, in: *Das Argument,* Nr. 63, März 1971, S. 117–121.
H. Barth, Metamorphosen des historischen Materialismus, in: *Neue Zürcher Zeitung,* 3. 3. 1945.

H.-W. Bartsch, Marx ohne Perspektive?, in: *DAZ,* 1. 9. 1955.

C. Behnke, Aus dem alten Arsenal, in: *Frankfurter Hefte,* H. 6/1964, S. 438–440.

Beyer, Rolf A.: Rez. zu »Soziologie des Ideologischen«, in: Neue politische Literatur, 26. Jg., Heft 2/1981, S. 149–150

Bloch, Ernst (Hrsg.): Marxismus und Anthropologie. Festschrift für Leo Kofler, Bochum 1980, Germinal Verlag, 309 S.

U. Blume, Rez.: Staat, Gesellschaft und Elite, in: *Zeitschrift für die gesamte Staatswissenschaft,* Bd. 118, H. 1/1962, S. 187–190.

O. Böni, Moderne Literatur in sozialistischer Sicht, in: *Rote Revue,* Zürich, Oktober 1962, S. 278–279.

Bruns-Weingartz, Karin: Rez. von ›Geistiger Verfall u. progressive Elite‹, in: Das Argument 131/1982, S. 108/109

W. Büchi, Läuterung des historischen Materialismus, in: *Schweizer Rundschau,* Dezember 1945, S. 697–701.

Dornuf, Stefan: Rez. zu ›Der Alltag zwischen . . .‹, in: Psychosozial 21/1984

(G. Eisermann), Rez.: Zur Geschichte der bürgerlichen Gesellschaft, in: *Politische Vierteljahresschrift,* XI. Jg., 1970, S. 147.

R. Ernemann, Rez.: Staat, Gesellschaft und Elite, in: *Bücherei und Bildung,* H. 4/1961, S. 250–251.

K. Farner, Geleitwort, in: *Die Wissenschaft von der Gesellschaft,* Bern 1944, S. 13–27.

I. Fetscher, Antwort an Leo Kofler, in: *DUZ,* Nr. 23/24, 16. 12. 1957, S. 16–17.

H. Fleischer, Marxismus: Wissenschaft oder Weltanschauung, in: *DAZ,* 15. 9. 1955.

H. Fleischer, Geschichte und Dialektik, in: *links,* Oktober 1955, S. 24–25.

A. Franz, Rez.: Der asketische Eros und Perspektiven des revolutionären Humanismus, in: *Bücherei und Bildung,* H. 3/1969, S. 251.

B. Frei, Rez.: Perspektiven des revolutionären Humanismus, in: *Das Argument,* 13. Jg., Oktober 1971, S. 560–561.

G. Gleisberg, Dialektik und Geschichte, in: *DAZ,* 25. 8. 1955.

G. Gleisberg, Marxistischer und ethischer Sozialismus, in *DAZ,* 19. 12. 1955.

G. Gleisberg, Sozialistischer Humanismus, in: *DAZ,* 15. 8. 1957.

R. O. Gropp, Unmarxistische Geschichtsdeutung, in: *Einheit,* H. 6/1949, S. 572–574.

R. O. Gropp, Kofler – ein ideologischer Schädling, in: *Einheit,* H. 5/1950, S. 457–464.

H. Günther, Soziologen zwischen Reaktion und Rebellion, in: *Welt und Wort,* H. 19/1967.

T. Hanak, Leo Koflers Gegenwartsanalyse, in: ders., *Die Entwicklung der marxistischen Philosophie,* Darmstadt 1976, S. 221–225.

H. Hartmann, Rez.: Perspektiven des revolutionären Humanismus, in: *Frankfurter Rundschau,* 16. 1. 1970.

H. Hartung, Marxistische Theorie, in: *DAZ,* 19. 11. 1964.

H. Hartung, Rez.: Zur Theorie der modernen Literatur, in: *DAZ,* 10. 12. 1964.

Hollstein, Walter: Rez. zu ›Kritik d. Alternativen‹, in: Süddeutsche Zeitung.

Homann, Ursula: Rez. zu ›Haut den Lukács‹, in: Der Literat, Nr. 1, 15. 1. 78 (20. Jg.), S. 16.

H. Honegger, Rez.: Die Wissenschaft von der Gesellschaft, in: *National-Zeitung,* Basel, 18. 2. 1945.

A. Horne, Rez.: Staat, Gesellschaft und Elite, in: *Gewerkschaftliche Monatshefte,* H. 3/1961.

B. C. van Houten, Rez.: Zur Geschichte der bürgerlichen Gesellschaft, in: *Mens en Maatschappij,* Amsterdam, Oktober 1968.

D. Jost, Abstrakte Kunst und absurde Literatur, in: *Neue Zürcher Zeitung,* 5. 11. 1970, S. 73.

A. J. Khoury, Rez.: Aggression und Gewissen, in: *Philosophischer Literaturanzeiger,* Bd. 27, 1974, S. 349–353.

Kreuter, W.: Rez. zu ›Kritik der Alternativen‹, in: Deutsche Volkszeitung, Nr. 38, 1983

G. Lenz, Das Eliteproblem, in: *Zeitschrift für Politik,* Jg. 1962, S. 431–433.

Leithäuser, Thomas: *Rez. zu ›Der Alltag zwischen . . .‹, in: Soziologische Revue, Heft 3/1984, S. 261–262*

A. Lerel, Dialektische Gesellschaftslehre, in: *Sozialismus,* Jg. 1945, S. 388–389.

P. Ludwig, Sozialistischer Humanismus, in: *DAZ,* 13. 2. 1958, S. 5.

E. Mandel, *Der Spätkapitalismus,* Frankfurt/M. 1972, S. 432–458.

G. Maschke, Zur Methodologie des Marxismus, in: *Süddeutsche Zeitung,* 19./20. 6. 1971.

G. Maschke, Gesellschaftlicher Fortschritt und die Irrationalität in der Geschichte – Bemerkungen zum Werk Leo Koflers, in: L. Kofler, *Zur Dialektik der Kultur,* Frankfurt/M. 1972, S. 7–27.

M. MAUKE, Rez.: Staat, Gesellschaft und Elite, in: *Das Argument,* Nr. 27, 1963, S. 54–57.

H. MAYER, Geschichte, Gesellschaft – und Politik, in: *Die Tat,* Zürich, 27./28. 1 1945.

G. MENDE, Gegen Verfälschung des Marxismus, in: *Freiheit,* Halle, Nr. 126, 3. 6. 1950, S. 2.

T. MOSER, Rez.: Der asketische Eros, in: *Frankfurter Allgemeine Zeitung,* 19. 12. 1967.

K. M. MICHEL, Die rote Schürze. Über die Ansichten eines Vulgärmarxisten, in: *Neue Rundschau,* September 1965, S. 131–141.

MÜLLER, HORST: Kritische Theorie und ihre Kritiker (Adorno, Kofler), in: Praxis und Hoffnung. Studien zur Philosophie und Wissenschaft gesellschaftlicher Praxis von Marx bis Bloch und Lefèbvre. Bochum 1986, Germinal Verlag, S. 81–92.

MÜLLER, H.: Kritische Theorie und Revolutionärer Humanismus, in: Universitas, Jg. 41, 1986, S. 153–163

NEUHAUS, W.: Rez. zu ›Zur Kritik der Alternativen‹, in: Das Argument-Beiheft 1983.

B. NEUMANN, *Vorüberlegungen zur Möglichkeit und Notwendigkeit einer kritischen Anthropologie,* Wissenschaftliche Staatsarbeit, Bochum 1976.

B. NEUMANN, Replik auf Koflers Beitrag zur Kritik der kritischen Psychologie, in: *BSZ,* Nr. 208, 11. 2. 80, S. 6.

K. H. NEUMANN, Editorische Notiz, in: L. Kofler, *Die Wissenschaft von der Gesellschaft,* Frankfurt/M. 1972, S. 5–6.

K. H. NEUMANN, K. P. Thiel, W. Schella, Einleitung, in: L. Kofler, *Geschichte und Dialektik,* Darmstadt und Neuwied 1973, S. 7–11.

L. NEUMANN, Rez.: Der proletarische Bürger, in: *Kölner Zeitschrift für Soziologie und Sozialpsychologie,* H. 2/1966, S. 398–99.

A. NIETO, Rez.: Staat, Gesellschaft und Elite, in: *Revista de Estudios Politicos Madrid,* Nr. 124, S. 320–322.

M. PAWLIK, Rez.: Geschichte und Dialektik, in: *Österreichische Zeitschrift für Politikwissenschaft,* H. 2/1974.

L. PESCH, Zur Geschichte der bürgerlichen Gesellschaft, in: *Das Parlament,* Nr. 45, 8. 11. 1967.

H. PLARD, Rez.: Zur Theorie der modernen Literatur, in: *Etudes Germaniques,* Paris, April–Juni 1964, S. 233–234.

W. M. RENKER, Gegen die Theorie der Entfremdung, in: *PWS,* H. 5/1959, S. 68–70.

R. Riemek, »Der proletarische Bürger« Oder: Die verschleierten Klassenverhältnisse, in: *Deutsche Volkszeitung*, 3. 12. 1965.

Rudel, Gerd: Der marxistische Einzelgänger Leo Kofler, in: Die Entwicklung der marxistischen Staatstheorie in der Bundesrepublik. Ffm/New York 1981, Campus Verlag, S. 46–50.

V. Sabik, Rez.: Zur Theorie der modernen Literatur, in: *Asian und African Studies*, Bratislava, H. 2/1966, S. 217–219.

E. Salin, Mensch und Gesellschaft, in: *Baseler Nachrichten*, 7./8. 4. 1945.

H. Schack, Rez.: Staat, Gesellschaft und Elite, in: *SJ*, 81. Jg., 1961, S. 607–608.

G. Schäfer, Leo Kofler 65 Jahre, in: *links*, Nr. 32, April 1972, S. 11.

M. Scheuch, *Verbürgerlichung als geistige Pauperisierung, in: Die Zukunft*, Wien, H. 12, Juni 1965.

Th. Schiffermann, Die Ideologie von der »nachideologischen Epoche«, in: *Werkhefte*, Mai 1967, S. 153–155.

Th. Schiffermann, Das Verhältnis von Staat und Elite in der bürgerlichen Gesellschaft, in: *Notizen*, Dez. 1967, S. 6–7.

Schönleiter, Wolf: Rez. zu »Koflerfestschrift«, in: Das Argument 130/1981, S. 884–885

Schönleiter, Wolf: Rez. zu ›Beherrscht uns die Technik . . .‹, in: Das Argument 143/1984, S. 136–137

Schönleiter, Wolf: Rez. zu ›Der Alltag zwischen . . .‹, in: Das Argument 144/1984, S. 297–298

Schönleiter, Wolf: Rez. zu ›Der Konservatismus‹, in: Das Argument 152/1985, S. 634

Schönleiter, Wolf: Rez. zu ›Eros, Ästhetik . . .‹, in: Stadt Revue Köln, Nr. 12/1985, S. 106

Schönleiter, Wolf: Rez. zu ›Eros, Ästhetik . . .‹, in: Sozialismus, Nr. 10/1986, S. 42–43

Schönleiter, Wolf: Der verdrängte Mensch. Möglichkeiten und Grenzen einer humanistischen Anthropologie. Dargelegt unter Rückgriff auf den Ansatz Leo Koflers. Unv. Diplomarbeit. Bielefeld 1982, 168 S.

Schönleiter, Wolf: Gedächtnisverlust der Wissenschaft. Zum 75. Geburtstag Leo Koflers, in: links. Sozialistische Zeitung, Nr. 145/1982, S. 33–34 (14. Jg.)

Schönleiter, Wolf: Ein Kritiker der Gewalt des Scheins. Einige Anmerkungen zum Denken Leo Koflers, in: Päd. extra Sozialarbeit, 7. Jg., Nr. 2/1983, S. 15–17.

Schönleiter, Wolf: Die Isolation des Humanismus. Anmerkungen zum Werk Leo Koflers, in: Frankfurter Hefte, 38. Jg., Nr. 2/1983, S. 57–66.

Schönleiter, Wolf: Apropos Alltag, in: Unitopia. Zeitschrift für radikale Hochschulpolitik, 1. Jg., Nr. 1/1985, S. 32–34

Schulz-Gerstein, Christian: Rez. zu ›Aggression u. Gewissen‹, in: Die Zeit, 13. 4. 73

J. Seifert, Rez.: Zur Theorie der modernen Literatur, in: *Gewerkschaftliche Monatshefte,* H. 2/1964.

Seppmann, Werner: Alternative Technik-Kritik, in: Kofler, Leo: Beherrscht uns die Technik? Technologische Rationalität im Spätkapitalismus. Hamburg 1983, VSA-Verlag, S. 7–16.

L. Sommer, Rez.: Die Wissenschaft von der Gesellschaft, in: *Der Ausgleich,* H. 13/1945, S. 45–47.

R. Tiedemann, Rez.: Zur Geschichte der bürgerlichen Gesellschaft, in: *Das Argument,* Nr. 43, 1967, S. 204–206.

F. Tomberg, Rez.: Der proletarische Bürger, in: Das Argument, Nr. 39, 1966, S. 350–351.

Tomberg, Friedrich: Der Mensch – ganz allgemein. Bemerkungen zu einem Forschungsproblem des historischen Materialismus in Auseinandersetzung mit Althusser, Sève, Lorenzer, Kofler, Holzkamp, in: Forum Kritische Psychologie 9, Berlin/West 1982, S. 99–143

P. Vranicki, Geschichte des Marxismus, Bd. II, Frankfurt/M. 1974, S. 877–880.

Ch. Walter, Rez.: Staat, Gesellschaft und Elite, in: *Kirche in der Zeit,* 17. Jg., H. 3/1962.

Winkel, Udo: Rez. zu ›Der asketische Eros‹, in: DAZ, Nr. 27/4. 7. 68, S. 11.

SIGLENVERZEICHNIS

Aufklärung	*aufklärung,* hrg. von Wilhelm Alff und John van Nes Ziegler, Mainz, Köln 1951–1953.
Bildungsarbeit	*Bildungsarbeit. Blätter für sozialistisches Bildungswesen,* Wien 1914 ff.
BSZ	*Bochumer Studenten Zeitung,* hrg. vom Vorstand der Studentenschaft an der Ruhr-Universität Bochum.

DAZ	*Die andere Zeitung,* Hamburg.
Die neue Gesellschaft	*Die neue Gesellschaft,* Hrg. Fritz Bauer, Willi Eichler, Erich Potthof, Otto Stammer, Bielefeld 1954 ff.
DUZ	*Deutsche Universitätszeitung.* Mitteilungen der deutschen Forschungsgemeinschaft, Hrg. Friedrich Hassenstein und Ludwig Raiser, Göttingen 1945 ff.
Freies Denken	*Freies Denken,* Dortmund 1952 ff.
Funken	*Funken. Aussprachehefte für internationale sozialistische Politik,* Hrg. Erna Blomeyer, Ulm 1950 ff.
Information Philosophie	*Information Philosophie,* hrg. von Kurt E. Scheuermeister, Richterswill 1973 ff.
Kürbiskern	*Kürbiskern,* Literatur, Kritik, Klassenkampf, hrg. von Christian Geissler u. a., München 1965 ff.
links	*links. Frieden, Freiheit, Sozialismus,* Hrg. Hans Matthöfer und Olaf Radtke, Frankfurt/M. 1951 ff.
Notizen	*notizen. Tübinger Studentenzeitung,* hrg. im Auftrag des ASTA Tübingen, Tübingen 1957–1969.
Perspektiven	*perspektiven. Kölner Studentenzeitung,* hrg. von der Studentenschaft der Universität Köln, Köln 1952 ff.
Politikon	*Politikon,* Göttinger und niedersächsische Studentenzeitschrift, Hrg. Club Politikon, Göttingen 1963 ff.
PWS	*Periodikum für wissenschaftlichen Sozialismus,* Hrg. Arno Peters, München.
PZ-Archiv	*PZ-Archiv,* Hrg. Joseph K. Witsch, Köln 1950 ff.
res nostra	*res nostra,* Studentenzeitung an der Universität Kiel, hrg. von der Arbeitsgruppe für Hochschulpolitik, Kiel 1964 ff.
Rote Revue	*Rote Revue,* Zürich 1922 ff.
SJ	*Schmollers Jahrbuch für Gesetzgebung, Verwaltung und Volkswirtschaft,* Berlin 1881 ff.

VR	*Volksrecht,* Basel 1898 ff.
Volkshochschule im Westen	*Volkshochschule im Westen,* Marl 1949 ff.
WISO	*WISO – Korrespondenz für Wirtschafts- und Sozialwissenschaften,* hrg. von Victor Agartz, Köln 1956–1961.
Zeitschrift für Politik	*Zeitschrift für Politik,* Hrg. Adolf Grobowsky, Berlin, Zürich, Wien 1954 ff.
Ziel und Weg	*Ziel und Weg,* hrg. vom Sozialistischen Deutschen Studentenbund, Frankfurt/Main.

E. Gespräche/Interviews

– ›Mit einer Zehe im echten Reich der Freiheit stehen‹. Gespräch mit L. Kofler, in: Psychologie heute, Nr. 1/1982 (9. Jg.), S. 43–51; wiederabgedruckt in: Die Seele und die Politik. Hg. von der Psychologie heute-Redaktion (Sonderband), S. 45–56, Weinheim/Basel 1983, Beltz-Verlag

– ›Der Mut zum Stänkern‹. Gespräch mit L. Kofler, in: Stadt Revue 7. Jg., Nr. 5/1982, Köln, S. 24–27

– ›Meckern ist das Ventil des Spießers‹. Ein Gespräch mit L. Kofler über Sozialarbeit und Entfremdung, über Anthropologie, Utopie und Alltag, in: Päd. extra Sozialarbeit, 7. Jg., Nr. 2/1983, S. 17–23; vollständig abgedruckt, in: Soziologische Notizen XXII, VHS-Köln 1983, 32 S.

– ›Der Kopf der Revolution‹. Ein Gespräch mit Leo Kofler, in: Sozialismus, Nr. 2/1985, S. 28–32

– ›Marxistische Klassiker‹. Ein Gespräch mit L. Kofler anläßlich des 100. Geburtstages von E. Bloch und G. Lukács, in: Uni Stadt Revue Köln, 5. Jg., Nr. 9/1985, S. 16–20; vollständig abgedruck in: Soziologische Notizen XXIV, VHS-Köln 1985, 17 S.

– ›Geschichte und Klassenbewußtsein‹. Diskussion mit Leo Kofler über die Aktualität Lukács, in: Sozialismus, Nr. 9/1986, S. 53–57

– ›Geschichte und Klassenbewußtsein‹. Interview mit Leo Kofler, in: Uni Stadt Revue Köln, 6. Jg./Nr. 12/1986, S. 22–23

DATEN ZU LEBEN UND WERK LEO KOFLERS

1907	Am 26. April als Sohn eines Großgrundbesitzers in Polen geboren.
1915	Als Folge des 1. Weltkrieges Übersiedlung der Familie nach Wien.
1916–1927	Besuch eines Handelsgymnasiums und anschließende Berufstätigkeit. Eintritt in die Sozialistische Angestelltenjugend und in die SPÖ. Besuch der Wiener Kunstakademie.
1928 ff.	Referent der Bildungszentrale der Sozialistischen Gewerkschaftsjugend. Politische Tätigkeit innerhalb der Arbeiterjugend.
1930–1938	Studium bei Max Adler.
1938	Faschistischer Überfall auf Österreich: nach vorübergehender Verhaftung Flucht in die Schweiz. Ein in Wien sich im Druck befindliches Buch über »Sozialismus und Erziehung« geht verloren.
1938–1944	Arbeitsdienst in der Schweizer Emigration. Arbeit an der »Wissenschaft von der Gesellschaft«. Das Buch wird 1944 von Konrad Farner herausgegeben. Aufgrund der Ausländerbestimmungen erscheint das Buch unter dem Pseudonym Stanislaw Warynski. Die Eltern werden in Auschwitz ermordet.
1945–1947	Aus gesundheitlichen Gründen Befreiung vom Arbeitsdienst. Aufnahme der Arbeit an der »Geschichte der bürgerlichen Gesellschaft«.
1947	Übersiedlung in die DDR. Habilitation mit der»Geschichte der bürgerlichen Gesellschaft« an der Universität Halle. Dort Professur für Geschichtsphilosophie und Direktor des Instituts für Historischen Materialismus. Eintritt in die SED. Kritische Stellungnahmen zum Problem des sozialistischen Aufbaus.
1948	Als ein Versuch der Verifizierung seiner Rekonstruktion des Historischen Materialismus erscheinen die Studien »Zur Geschichte der bürgerlichen Gesellschaft«. In einer revidierten Einleitung zur 2. Auflage

	des Buches greift Kofler die bürokratischen Tendenzen des Sozialismus in der DDR an. Teile der Auflage werden aus dem Handel zurückgezogen.
1949	Eskalation der Auseinandersetzung mit Parteiinstanzen der SED. Der Vorwurf der »idealistischen Verfälschung des Marxismus« wird erhoben. Einsetzung einer Untersuchungskommission an der Parteihochschule »Karl Marx«.
1950	Demonstrativer Parteiaustritt. »Entlarvung« als »ideologischer Schädling« in dem theoretischen Parteiorgan »Einheit« (Mai). Entfernung aus seinen Ämtern. Ende 1950 entzieht sich Kofler der drohenden Verhaftung durch Übersiedlung in die BRD.
1951 ff.	Da Kofler österreichischer Staatsbürger ist, wird ihm nur eine befristete Aufenthaltsgenehmigung erteilt. Niederlassung in Köln. Versuche, eine wissenschaftliche Lehrtätigkeit zu erhalten, schlagen fehl. Tätigkeit als wissenschaftlicher Autor und Volkshochschuldozent. Durchführung gewerkschaftlicher Bildungsarbeit.
1951–1955	Es erscheinen mehrere Schriften, die die Erfahrung mit dem Stalinismus theoretisch aufarbeiten und das Verhältnis von Marxismus und Stalinismus zu bestimmen versuchen. Mitarbeit an sozialistischen Zeitschriften (u. a. »links« und »Aufklärung«).
1953 ff.	Dozent an der (gewerkschaftlichen) Sozialakademie in Dortmund.
1954	Auf Einladung der sozialistischen Hochschulgemeinschaft Hessen Durchführung einer Vortragsreihe an der Universität Frankfurt/M. Die sozialdemokratische Landtagsfraktion erhebt die Forderung, Kofler an eine hessische Hochschule zu berufen. Durch Intervention Adornos wird die Erteilung eines Lehrauftrages an der Universität Frankfurt verhindert. Beginn der langjährigen Mitarbeit an der »Anderen Zeitung« in Hamburg.

1954–1957	Als Ergebnis seiner gewerkschaftlichen und sozialistischen Bildungsarbeit erscheinen eine Reihe von Schulungsschriften.
1955	In Hamburg erscheint die noch in der DDR verfaßte Auseinandersetzung mit den mechanischen Marx-Interpretationen: »Geschichte und Dialektik«.
	In der Schrift »Marxistischer oder ethischer Sozialismus?« Kritik des ideologisch-politischen Anpassungsprozesses der SPD und Analyse von dessen Grundlagen.
1956–1961	Zusammenarbeit mit Viktor Agartz. Publizierungen in der »WISO. Korrespondenz für Wirtschafts- und Sozialwissenschaften«.
1960	Soziologische Analyse der spätkapitalistischen Klassengesellschaft: »Staat, Gesellschaft und Elite«.
1962	Analyse der Funktion von moderner Literatur als Form bürgerlicher Ideologie und Auseinandersetzung mit dem literaturtheoretischen Standpunkt Adornos: »Zur Theorie der modernen Literatur«.
1964	Fortsetzung der soziologischen Studien in »Der proletarische Bürger«. Im Mittelpunkt steht die klassentheoretische Analyse des politischen Potentials der Arbeiterklasse.
1966	Im September in Budapest Gespräche mit Lukács, Holz, Abendroth, Pinkus.
1967	Diskussionen mit Herbert Marcuse bei den Salzburger Humanismusgesprächen.
	In dem Buch »Der asketische Eros« Analyse der ideologischen Vermittlungsinstanzen spätbürgerlicher Herrschaft.
	Akzentuierung der Problematik einer marxistischen Anthropologie.
1968	Spanische Ausgabe der »Wissenschaft von der Gesellschaft.«
1968 ff.	Japanische Ausgaben bei Orion Press in Tokio unter anderem von »Stalinismus und Bürokratie«, »Perspektiven des revolutionären Humanismus«, »Zur Theorie der modernen Literatur«, »Der asketische Eros«.
1970	Im April zum 100. Geburtstag Lenins einstündiges Rundfunkinterview über das Verhältnis von Lenin und Trotzki.

	Erscheinen der ästhetischen Untersuchungen »Abstrakte Kunst und absurde Literatur«.
1970 ff.	Dozent für Soziologie an der Kunstakademie Köln.
	Es erscheinen im großen Umfang »Raubdrucke«; insbesondere der Bücher »Zur Geschichte der bürgerlichen Gesellschaft«, »Die Wissenschaft von der Gesellschaft« und »Geschichte und Dialektik«.
1971	Es erscheint mit der Schrift »Technologische Rationalität im Spätkapitalismus« eine Zusammenfassung und Weiterführung der ideologiekritischen Analyse des affirmativen Charakters der »Kritischen Theorie« (Auseinandersetzung mit Adorno, Marcuse, Habermas u. a.).
1972	Zum 65. Geburtstag Koflers wird die Aufsatzsammlung »Zur Dialektik der Kultur« herausgegeben.
	Durch studentische Aktionen Lehrauftrag an der Universität Bochum.
	Spanische Ausgabe von »Abstrakte Kunst und absurde Literatur«.
1973	»Aggression und Gewissen. Grundlegung einer anthropologischen Erkenntnistheorie« wird veröffentlicht.
	Neuausgabe von »Geschichte und Dialektik«.
	Übernahme einer Lehrstuhlvertretung (Soziologie) in Bochum.
1974	In Argentinien erscheinen »Zur Geschichte der bürgerlichen Gesellschaft« und »Geschichte und Dialektik«.
1975	Ernennung zum Honorarprofessor an der Universität Bochum.
	Erscheinen der »Soziologie des Ideologischen«.
1977	Bei den Salzburger Humanismusgesprächen Diskussionen der Funktion des Intellektuellen im Spätkapitalismus.
	Mit der Schrift »Haut den Lukács – Realismus und Subjektivismus« polemische Reaktionen auf die soeben von Herbert Marcuse veröffentlichte Arbeit »Die Permanenz der Kunst«.
1980	Verspätet erscheint die zum 70. Geburtstag Koflers von Ernst Bloch herausgegebene Festschrift »Marxis-

mus und Anthropologie«. Mit Leben und Werk Koflers beschäftigen sich in dem Band: E. Bloch, H. D. Bahr, H. Fleischer, D. Garstka, W. F. Haug, A. Heller, E. Mandel, G. Márkus, Th. Metscher, O. Morf, A. Schaff u. W. Seppmann.

1982 Veröffentlichung des Buches »Der Alltag zwischen Eros und Entfremdung. Perspektiven zu einer Wissenschaft vom Alltag«.

1983 Mit der Schrift »Kritik der Alternativen« beginnt eine Reihe von Veröffentlichungen Koflers im Hamburger VSA-Verlag.

Rundfunkgespräch (WDR) über das Verhältnis von Marxismus und Anthropologie.

1984 In »Der Konservatismus zwischen Dekadenz und Reaktion«, Analyse des Erstarkens der politschen Rechten.

Unter dem Titel »Der Grenzgänger« sendet der Westdeutsche Rundfunk im Juni ein Filmportät über Leo Kofler.

1985 In dem Band »Eros, Ästhetik, Politik« formuliert Kofler die Grundprinzipien seiner anthropologischen Marx-Interpretation.

Im Dezember Teilnahme am Freiburger Kongreß »Aktualität des Kommunismus«.

1986 Im Frühjahr Teilnahme an Lukács-Kongressen in Wien und Mailand

In dem Buch »Aufbruch in der Sowjetunion« und einer Vorlesung an der Bochumer Universität zum Thema »Sozialpsychologie der Russischen Revolution« setzt sich Kofler mit den aktuellen Entwicklungen in der Sowjetunion auseinander.